利益率80%以上の最強ビジネスモデル

「サブスクD2C」のすごい売り方

新井 亨 サブスクD2C総研(株)代表取締役

フォレスト出版

「サブスクD2C」のすごい売り方
CONTENTS

序章

モノが売れない時代に爆発的にモノを売る方法

第1章 なぜ10年で90%の会社がつぶれるのか？

第2章

1人で年商10億円を売るビジネスモデルがある

第3章 サブスクで「一見客」が「一生客」に変わる

第4章 10億円ビジネスは1つの商品だけでいい

第5章

顧客データを持っている会社が最強

――成功する商品の売り方

第6章 「単品リピート通販」の成否を分けるのは顧客対応

第7章

単品通販ビジネスの利益を10倍にする秘訣

第8章 「D2C×サブスク通販」ビジネスの落とし穴

終章

自社ブランドで豊かになる人を増やしたい

装幀◎河南祐介（FANTAGRAPH）
本文デザイン・図版作成◎二神さやか
出版プロデュース◎吉田浩（天才工場）
編集協力◎潮凪洋介・栗栖直樹
DTP◎株式会社キャップス

序章

モノが売れない時代に爆発的にモノを売る方法

「安定的自動的収入」を図る、とっておきの方法

入社1年目の新人OLで、毎週のように会社に高級バッグを持ってくる女の子がいます。先週はヴィトンのバッグ、今週はエルメスのバッグ……。上司はびっくりして、

「どうしてそんなにお金があるの？」と聞くと、彼女はこう答えました。

「実はこれ、ブランドバッグのサブスクなんです」

サブスク？

聞くと、月額7000円で好きなブランドバッグをレンタルし放題とのこと。おじさん上司はカルチャーショックを受けてしまいました。

「サブスクリプション」（サブスク）という言葉を誰もが一度は耳にしたことがあるでしょう？

サブスクリプションとは、モノやサービスを一度の売り切りではなく、「利用権」を定額で提供するサービスです。

サブスクリプションを利用すれば、安く手軽に、モノやサービスを得ることができます。

たとえば、こんなサービスがあります。

①使い放題の課金モデル

動画見放題のNetflix、Hulu、音楽聴き放題のSpotifyなど。

②定期購入・補充型のサービス

消耗品などを定期的にお届けするAmazon定期お得便、健康食品や化粧品の単品リピート通販など。

③お得な定額有料会員サービス

会員になると、送料無料になる、安くなるなどのサービスを受けられる。Costco、IKEAなど。

④個人の好みに合わせてカスタマイズできる「パーソナライズ型」

ブランドバッグ使い放題のラクサス、ファッションアイテムレンタルし放題のエアークローゼットなど。

あなたも、「聞いたことがある」「すでに利用している」サービスがいくつかあったのではないでしょうか。

現代は「モノが売れない時代」と言われます。

不景気が長引いていることも背景にあると思いますが、私たちの身のまわりには、すでにモノがあふれかえっています。

一方で近年は、「持たない暮らし」や「ミニマリズム」も叫ばれています。人々は、**本当に欲しい物だけを、安く、早く、簡単に手に入れたい**というニーズがあります。

だからこそ、そこにビジネスチャンスがあります。

「社員1人・商品1つで年商10億円」というビジネスの中身

私は社長である自分1人で、「炭酸シャンプー」のサブスクビジネスで、年商10億円を達成しました。これは先に挙げたモデルの②に当たる**「単品リピート通販」**によるものでした。

単品リピート通販とは、**1つの商品（単品）を顧客に定期的に購入（リピート）してもらう通販ビジネス**です。

世間一般で言われている「通販」は、いわゆる「総合通販」に当たります。

総合通販は、主にはインターネットの楽天やAmazon、Yahoo! ショッピングなどのプラットフォームに出店し、複数の自社商品を掲載して販売していくビジネスです。

そのため、総合通販の売上を伸ばすには、商品数を増やして品ぞろえを豊富にすることで、ショップに訪れた顧客の購入意欲を高めていくことが重要になります。

一方で、私が手がけた単品リピート通販は、1つの商品で大きく売上を伸ばしていくビジネスモデルでもあります。同じ商品を、同じ顧客に繰り返し購入してもらうことで売上を伸ばす、単品で勝負するシンプルなビジネス。長期的に繰り返し使う商品を用意し、その商品を定期的に顧客に届ける仕組みを構築していくモデルです。

この本では、数あるサブスクリプションビジネスの中でも、この**「定期購入・補充型」の単品ビジネスに特化したビジネスモデル**を徹底解説します。

つまり、私と同じように、単品リピート商品のD２C（Direct to Consumer、消費者直接取引）によって、「年商10億円」を達成していただく本です。

この方法を取り入れれば、「モノが売れない」と嘆くどころか、一見客が一生客に変身していき、必ずや会社を救ってくれます。

ぜひあなたの会社でも、今すぐ**「単品リピート商品のサブスク×D２C」**を始めてみませんか？

なぜ「炭酸シャンプー」は10億円も売れたのか？

はじめまして。サブスクＤ２Ｃ総研（株）を経営する、新井亨《あらいとおる》と申します。

すでにお伝えしたとおり、私は**社長１人で「炭酸シャンプー」の「単品×サブスク×Ｄ２Ｃ販売」を実践し、年商10億円を達成**しました。

なぜ「炭酸シャンプー」がそんなにヒットしたのか、その経緯をお話ししたいと思います。

私は野球、空手など、スポーツにいそしんだ中高生時代を送り、新聞奨学金で日本大学に進学しました。

その後、中国・北京の対外経済貿易大学に留学し、独学で中国語を身につけました。

もともと何かビジネスをやってみたいと思っていた私は、日本で準備資金を集めて、現地中国で富裕層向け美容室を開業したのです。

続いて不動産、ホテル開発など数々のビジネスを手がけましたが、美容室経営時代に、目の前でお客様が笑顔になる姿を見るのが、何より喜ばしかった記憶があります。

しかし、根っからのビジネスマンである私は、常に利益に関する捉え方はシビアでした。

中国に留学後、英国 Wales University でＭＢＡを取得したのですが、そこでは企業とはゴーイングコンサーン（継続企業）を前提としており、「長期的で継続的に利益の出ない会社は存在意義がない」というビジネスマインドを徹底的に教え込まれていたからです。

その後、私は念入りにリサーチを行ない、「女性向けヘアケア商品には高い市場性がある」ことを改めて認識しました。

ちょうど日本で、美容商材を提供する上場会社である株式会社エム・エイチ・グループのコンサルタントをすることになり、それをきっかけに、通販事業に参入してみたいと考えていたところでした。

こうして生まれたのが、「抜け毛やくせ毛」が気になる女性に向けた、「炭酸シャンプー」のサブスク×D2Cビジネスです。

このビジネスにおける商品開発のプロセス、ヒットを生み出す「売り方の秘密」を本書で紹介していきますが、必要な人に必要なものを届けるシステムとして、「サブスクブームの時代」が訪れていたことが、「炭酸シャンプー」ヒットの勝因だったと思います。

このように、広く消費者の悩みを解決していく商品は、いつの時代も大成功するポテンシャルを秘めているのです。

日本の商店のほとんどが消える!?

今、仮に日本の商店の9割が消えると言われたら、あなたは信じますか？

なにも日本の人口減や少子高齢化の影響だけではありません。この劇的な変化は、**スマートフォンやパソコンを使ったネットショッピングが購買行動の中心**となり、買い物が自分の部屋の中で完結してしまうことによります。

つまり、将来に向けて、わざわざリアルの店舗に出かけてモノを買う必要がどんどんなくなっていくことが理由なのです。

実際、2020年はコロナ禍によって多くの人々が自粛生活を余儀なくされ、ネットショッピングによる巣ごもり需要の伸びは一気に拍車がかかりました。

このように、人々の消費動向は、時代とともに大きく変化しています。

ネットショッピングの隆盛は、2000年前後からのインターネットの普及と通信インフラの拡充によって、その幕が切って落とされました。

やがて、スマホが急速に浸透し、ボタン1つで買い物できるという便利さから、その流れはさらに加速。2010年代に入ると、SNSが台頭し、人々はインフルエンサーの紹介する商品をスマホで見て、そこに貼られたURLからワンクリックで購入するようになりました。そこへ、新型コロナによるステイホーム時代が到来し、ますます人は店舗に足を運ばなくなったのです。

必要なものを、必要なときに、必要なだけ手に入る

もう1つ、「全国の商店の9割が消えるかもしれない⁉」理由があります。

それは、「年収200万円時代」の到来です。2017年発表の国税庁「民間給与実態統計調査」では、全国の給与所得者のうち、年収300万円以下が39・6％に達していました。2020年のコロナ禍で所得の減少はいっそう顕著になり、もはや「年収200万円以下」が多くを占める、冬の時代が訪れようとしています。

そうした時勢を反映してか、2020年は、メルカリなどのオークションサイトが

空前のブームになりました。そして、定額で使い放題のサブスクモデルは市場を拡大して、皆の知るところになりました。

苦しい時代の消費者心理とは、言うまでもなく、**「早く、安く、良い品を買いたい、持ちたい」**というもの。必要なものを、必要なときに、必要なだけ手にできるサブスクリプションのサービスは、今の時代にまさにうってつけなのです。

定額で上限なし（安い）、ネットで完結（早い・便利）、浮いたお金と時間を本命の「消費」に投資できる――。このように、消費者にとっては、メリットだらけのシステムであると言えます。

発想の転換で、誰でも「サブスクD2C」を実現できる

こうした市場環境の変化から言えるのは、時代は、大きなビジネスの転換期にあること。これまで多くのカリスマ経営者が、「ピンチをチャンスに変える」ことの大事さを説いてきたように、このパラダイムシフトにうまく乗ることができれば、誰でも

従来の売上規模をはるかに超える、飛躍的成長を遂げることは不可能ではないのです。

ひょっとしたら、あなたの会社が提供する商品やサービスは、ちょっとした発想の転換で、時流をつかむサブスクリプションのビジネスモデルに変えることができるかもしれません。

また、あなたの新鮮なアイデアが世の中のニーズに応える新たな商品を生み出し、会社を変えるような大きな売上をつくることだってできるかもしれません。実際に私が、そうやって年商10億円を稼ぎ出すことができたのですから——。

誰にだって、同じようなビジネスチャンスを得ることが必ずできます。

それを実現するための具体的な手法が、本書で紹介していく**「単品リピート商品のサブスク×D2C」**のビジネスです。

では、そのノウハウや仕組みについて、これから順を追って解説していきましょう。

第1章

なぜ10年で90%の会社がつぶれるのか?

あなたの会社は、来月や来年の売上が予測できますか？

あなたの会社やあなたのビジネスは、来月や来年の売上が予測できますか？

ビジネスはいわば、市場の中で競合他社としのぎを削る競争です。いち早く先のことを把握できれば、それだけ競合他社に対し優位に立てるのは言うまでもありません。

それなのに、もしあなたが「そんなの、やってみないとわからない」「先のことがわかったら苦労しない」などと考えていたとしたら……。

ただちに、ビジネスの中身を今一度検討し直してみてください。

来月や来年の売上を予測できないビジネスは、これからの時代、生き残ることは至難の業であると思います。

それは、私に言わせればビジネスでも何でもなく、ただのバクチや趣味・道楽とさえ言えるもの。来月や来年の売上を予測できないまま進める事業は、地図を持たずに大海に出るのに等しい運任せの行為で、長続きしないのは目に見えています。地図を持たずに旅に出て、いずれ戻れなくなる。引き返そうにも引き返せない……。そんな悲劇は誰だって体験したくはないでしょう。

いきなりネガティブな話の羅列で恐縮ですが、実際世の中には、そんなふうに翌月や来年の売上予測ができない中で、ビジネスをやっている人が多いと感じます。

毎月売上がゼロからスタートするビジネスだと、とにかくキャッシュフローが安定しません。ましてや今は、インターネットの登場によって価格競争が激しくなり、1つの商品を販売する際の利益率は大きく減りつつあります。あらゆるＢｔｏＣビジネスも薄利の度合いが増し、経営環境はいっそう厳しくなっています。

今年はまだいいけど、来年はわからない……といったビジネスだと、これから先はまず生き残れません。**できるだけ堅い見通しの中で売上予測が立っていく事業展開を**していくことが、これからの時代は特に重要視されています。

言い換えれば、成功している事業の多くが、安定した収益が予想できる**「先の読めるビジネス」**になっているわけです。

先の読めるビジネスの条件

では、こうした「先の読めるビジネス」とは何か。

それを満たす1つの要素が、生活必需品や社会インフラなど、この先もずっと消費されていくであろう、**生活に欠かせないものを押さえている商品やサービス**です。

毎月消費することで、なくなれば買わなければいけない確たるニーズがあることで、毎月安定的に売上が上がる商品・サービスに絞っていくことが1つでしょう。

そして、きわめて大切な事柄がもう1つあります。

安定した収益が予測できる、リスクの低いビジネスの形、つまりは「**売り方**」の問題です。

そのカギとなるのが、「ストック型」と「フロー型」という2つのビジネスモデルの違いです。

「フロー型」から「ストック型」ビジネスへの転換

世の中のビジネスは、「フロー型」と「ストック型」に分かれます。

フロー型ビジネスは売り切り型ビジネスと呼ばれ、一度商品やサービスを売ってしまうと、そこで終わってしまうビジネスのことを言います。

一方のストック型ビジネスは、必要なときに必要な商品やサービスを定期的に提供するのが特徴です。前者は単発型の収益を上げるモデルであり、後者は継続型の収益を上げるビジネスモデルとなります。

フロー型のビジネスは、単発の受注など1回きりのビジネスのため、売上の見込みは不安定で、確かな予測は難しいものです。

一方、ストック型は、過去に積み上げてきたユーザーの売上をベースに定期的な収益を得ていきます。従来の継続率や解約率などの情報からユーザーの動向が予測しやすく、売上に関する先の見通しが立てやすいという利点があります。

「ストック型ビジネス」のメリット

経営は、単に期待に基づいて行なうのは大変です。航海で言うなら、「この先におそらく島があるだろう……」と正確な地図もなく出航するようなもの。こうした状況でスタートすると、経営者は航路に迷い、ネガティブな要素で悩みが尽きない状態になります。

その点、「ストック型ビジネス」であれば、**購入から解約までの継続期間を測定することで、売上予測や利益の見込みなどを定量的に推し量ることができます。**目標の売上や利益に必要な新規獲得数などが、すべてのデータを正確に把握することで見込めるわけです。

それによって目標の数字が明確になるため、どのように**プロモーション**をすれば良いか、どれくらいの**費用**が必要であるかが明確になり、具体的なアクションとして展開できるようになります。

また、ビジネスを進める上で**金融機関からの融資**を得る際にも、売上や利益の見通しや投資計画、生産計画、成長戦略などを説得力あるデータとともに示せるメリットが得られます。

このように、ストック型ビジネスで未来の業績見込みを数値化できることは、事業を行なっていく上で、きわめて大きな意味を持ちます。

長期的・安定的なビジネス実現の最強の秘策

そして、ストック型ビジネスを進める上で、もっとも重要なものは、「LTV」と言われる数値の大きさです。

LTVとは、Life Time value の略で、訳すと「顧客生涯価値」のこと。取引を開始してから終了するまでの期間に、その顧客がどれだけ利益をもたらしてくれたか、収益の総額を算出するための指標です。

LTVは**【商品やサービスの単価×継続してくれる回数】**で示され、その値が大きな商品やサービスほど市場性が高く、商品としての価値が高いということができます。

この式は、掛け算となっているので、それぞれの数字を大きくすることでLTVを最大化でき、同時にこの値は、先述したような生活必需品や社会インフラを支える商品やサービスであれば、おのずと強いと言えるのです。

つまり、**できるだけ長い期間にわたって顧客に価値を提供し続ける継続性**が大事で、そのために、より効果的なサービスや商品を提供することで、安定的に収益を確保できていくビジネスが実現できるわけです。

このストック型ビジネスは近年、「サブスクリプション」モデルとして言い換えられるようになりました。

今、時代は、確かな売上予測の基で展開できる、サブスクビジネスが主流となりつつあります。

なぜ、世の中はサブスクモデルを求めているのか。それを知ることは、ビジネス必勝のセオリーを得ることにもつながります。現在の市場の変革がもたらされた背景について、この章で説明していきましょう。

「フロー型」ビジネスと「ストック型」ビジネス

	フロー型	ストック型
販売価格	低価格～中高価格	低価格
収益モデル	単発型	継続型
売上見込み	不安定／見通しにくい	安定／見通しやすい
顧客データ	分析しにくい	分析しやすい

⇩

先を読めるビジネスは「ストック型」

「ストック型」のその他のビジネス的メリット

①目標の売上や利益に必要な新規獲得数などが、すべてのデータを正確に把握できるため、高精度なプロモーションが可能。

②売上や利益を見通しやすいため、金融機関からの融資への説得力が増す。

③ＬＴＶ（Life Time Value）指標が示せる。

コロナ大倒産時代から生き残るには？

先が読めないフロー型ビジネスのリスクとともに、たとえば、２０２０年以降のコロナ禍で苦戦を強いられたのが、固定費を大きく抱える企業でした。

多くの従業員を擁するためにかかる人件費や、店舗や社屋の賃料などの固定費用が重くのしかかる企業の業績が、一気に大幅な赤字に転落してしまったのです。

旅行業界のトップカンパニーであるＪＴＢは、コロナ禍で深刻な業績の落ち込みに見舞われ、２０２２年３月までに国内店舗１１５カ所を閉鎖すると発表しました。旅行需要の低下に加え、店舗営業に偏ったビジネスモデルによる賃料や人件費などの固定費が大きな負担となり、経営を圧迫したわけです。

その他、店舗型重視だったあらゆる業容の企業が、従来のビジネスモデルの見直しを迫られています。ホテルなど継続的な設備投資が欠かせない業態や、飲食店や美容室など初期投資が大きなビジネスも同様でしょう。

実店舗を伴う多くのビジネスは、外的要因がもたらす経営リスクに直面する可能性が高い事業形態であることを露呈する結果となったのです。

また企業のオフィスも、経営者のマインドにおいて、立派な空間を備える必要性への意識は大きく低下しています。オフィスの賃料は固定費の最たるものであり、もはや大きなビルなどに過度な空間を持つことは避けるべきという考えが浸透しつつあります。オフィスワークの中心機能は中小規模のビルに移し、あとは社員個々がリモートで仕事をしていく環境を整備していく流れが顕著です。

極論すれば、オフィスなどなくても、**パソコン1台あれば収益を上げられる時代**が来ているわけです。

従来のような固定費が高止まる経営環境だと、言うまでもなく利益率を圧迫します。変わらぬ固定費に苦しみ、赤字を余儀なくされていくことで、中小・零細企業の経営はさらに厳しくなります。

そうした企業は自社の事業変革を考えなければ、この先どうなるかは目に見えているでしょう。それほど市場経済の構造は大きな変革期に差し掛かっているのです。

いかがですか？　実際、あなたの会社は利益率が下がっていませんか？

もしそうなら、早急に手を打たなければなりません。

人件費やオフィス賃料などの固定費よりも、もっと必要な「活きたコスト」について考えてみましょう。

情報革命が進むビジネス環境の中で、より効果的な集客成果やＬＴＶ（顧客生涯価値）を得るために必要なことは何か。そこに、経営資源の注入や新たなビジネスの仕掛けが必要になってくるのです。

実店舗は将来、ただの「ショールーム」になる!?

企業がオフィスを必要としなくなったことと同様に、もはや店舗でモノを売る時代ではなくなりました。旅行業界でのＪＴＢの例を挙げましたが、旅行商品ももはや店舗でなくネットで買う時代です。固定費の圧縮とともに、売上という側面を考えても、ネット販売中心のビジネスモデルへの転換が必須です。

これは、店舗販売の代表格であったビックカメラやヤマダ電機など多くの家電量販店も同様で、売上減のダメージを受けています。

休日になると、今も家電売り場は多くのお客様でにぎわっているように見えます。けれども、集客の数に売上が伴っているかといえば、決してそうではありません。お客様は店舗には来るものの、**スペックの説明を聞きに来るだけ**で、実際の商品は1万円も2万円も**安いネット販売で買ってしまう**からです。

つまり、デパートや量販店や商店が、単なるショールームのようになってしまったのです。

こうした購買行動モデルの変革を引き起こした原因が、スマホの誕生です。

今は健康食品と化粧品に関していえば、**購入者の85％以上はスマホ経由の購入**だと言われています。いつでもどこでもインターネットにつながる環境があることで、通勤中でも仕事の休憩時間でも気軽に買い物をすることができます。

加えて、コロナ禍で、ライフスタイルに占めるスマホの比重は一気に高まりました。

リアル店舗に商品を見に行って、実際にはスマホでそれを購入する。いや、すでに実物など見る必要もなく、３６０度のバーチャルコンテンツ画像や動画をスマホのサイトで見て、気に入ったらタップするだけでショッピングができるわけです。

実際、スマホで購入するものも、数十万円もする家電製品や、数百万円もするクルマ、数千万以上する住宅さえ、内見をＶＲで行なって契約するなど、従来では考えられない金額の商品やサービスを、実物を見ないまま購入するケースが増えています。

あらゆるものをスマホから躊躇《ちゅうちょ》なく買うという購買行動の変化。10年前では考えられないほどで、もはや革命と言っていいでしょう。

かつて90年代は、「インターネットでモノが売れるはずがない」と叫ぶ人が大勢いたように、ネットショッピングに対して〝怪しいもの〟という感覚がまだありました。

今ではそうした心理は皆無。ネットショッピングで消費する金額は確実に上がっており、市場の伸びはもはや圧倒的です。

ネットショッピング市場が年々拡大中

	2021年見込み	前年比	2022年予測	2020年比
全体	15兆1,127億円	110.10%	16兆4,988億円	120.20%
EC	13兆3,092億円	111.50%	14兆6,813億円	123.00%
カタログ通販	1兆1,211億円	100.20%	1兆1,232億円	100.40%
テレビ通販	5,901億円	101.50%	5,997億円	103.10%

ネットショッピングに対する消費者の心理的抵抗は低くなり、増大し続けている。

出典：富士経済「通販・e-コマースビジネスの実態と今後2021」を基に作成

ネット購入が増加し続ける理由

ではなぜ、店舗で買わずにネットで購入するのか?

自宅にいるだけで商品が届くわけですから、便利であることに違いありません。

加えてもう1つの大きな理由は、やはり**価格**でしょう。実店舗はどうしても固定費や流通経費が大きくなり、売価にオンしなければなりません。そのため、ネットでの価格よりも高くなってしまうことがほとんどです。

ネット販売であれば、実店舗を持たないことから固定費などの管理コストが格段にかかりません。その分、おのずと売価を安くできるわけです。

店舗賃料や人件費を抑えるから固定費がかからず、それによって価格競争の優位性が保てることで、売上が伸びていく好循環。コロナ禍によるライフスタイルの変化を強力な追い風に、ネット通販のビジネスは急速な成長を遂げつつあります。

店舗中心の営業からネット中心のビジネスモデルにうまく転換した企業、またはインターネットの価値を効果的に既存のスタイルに融合させた企業は、コロナ禍におい

ネット購入が増え続ける一番の理由は、「価格」の差

	実店舗	ネット
店舗賃料	有	無
人件費	有	ほぼ無
流通経費	有	消費者負担
お客様の商品入手方法	店舗へ足を運ぶ	自宅に届く

◎実店舗では、網掛け箇所が売価に上乗せされる。

◎さらに、店舗に足を運ばずに自宅に商品が届く利便性を考えると、消費者にとっては、ネット購入のほうがメリットしかない。

◎「実店舗でチェック、ネットで購入する」消費者行動が加速化し、実店舗のショールーム化がさらに進む!?

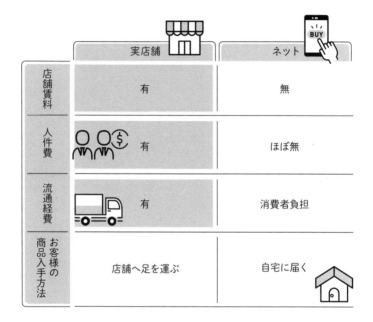

ての勝ち組になっているケースが多く見られます。

実はその理由に、ネット販売のビジネスモデルによって得られる、重要な付加価値の存在があることを皆さんご存じでしょうか？

もしもあなたの企業が、これまでアナログのＢｔｏＣビジネスに終始してきたとしたら、この付加価値を得ることで、新たな売上増を実現することが可能になるかもしれません。

そのカギになるのが、ネット通販によって得られる、**「顧客データの収集」**なのです。

顧客のデータを取れる企業、そうでない企業

今回のコロナ禍において、苦境を余儀なくされた外食産業やアパレル業界においても、売上が低迷して赤字になったところと、堅調な売上を確保した上で、経費を抑えて黒字化した企業がありました。その差はどこにあったのでしょうか？

１つの答えが、**ダイレクトに顧客とつながり、顧客に関する情報・データを得るこ**

とができたかどうかです。

店舗に直接来てもらわなくても、顧客とアプリやメールアドレスなどでつながる企業は、ネット通販に誘導してデリバリー販売などで売上を上げることができたわけです。

ここで重視すべきなのが、サブスクモデルの前提として、またネット中心のビジネスに転換していく上で重要な、**D2Cという販売形態**です。

D2Cについては第2章で詳しく触れていくので詳細は省きますが、つまりは「顧客に直接販売するビジネスモデル」のことです。多くの場合、自らがメーカーとなり、ソーシャルメディア（SNS）やECサイト、直営店舗などで消費者と直につながり、直接販売する形をとります。

このD2Cで大事なのが、**顧客とダイレクトにつながる関係性から、コミュニケーションが高純度で行なえる**点です。本書で紹介していく「サブスク×D2C」のモデルは、この強みをベースに高い収益性を実現していくビジネスです。

さまざまなチャネルによって直接顧客とつながることで、企業は**顧客の属性や行動様式に関するデータを蓄積**していくことができます。これが、先述した「先の読めるビジネス」を構築するための土台になる、きわめて重要な要素と言えます。

詳細はあとの章に譲りますが、このメリットを求めて、実際にさまざまなグローバル企業がD2Cのビジネスモデルへの転換を進めています。

たとえばナイキは、従来の代理店経由の販売マーケティングから、自社で顧客データを集めることを重視し、直営店での売上比率を上げていくことに注力しています。

また、ハンバーガーのマクドナルドや世界的ファッションブランドのルイ・ヴィトンも、直接顧客のデータを集積すべく、自社アプリに特典をつけて集客を図るなど、D2Cによる販売チャネルの強化に努めています。

ダイレクトにデータを集めて顧客リスト化することで、新商品のリリースやイベントの開催なども直接伝えることができ、**個々のユーザーの属性に合った商品**を効果的に訴求できます。

コロナ禍では、それができる企業とそうでない企業の間で、売上に大きな差異が生じたわけです。

外食産業やアパレル業界はコロナ禍で非常に苦しんでいるわけですが、D2Cによる販促を拡充していくことは、外的リスクを遠ざけ、新たな売上をつくり出すための武器になっていくものと考えます。

一人ひとりの顧客の「顔」が見えるリストを自社で持つことは、「先の読めるビジネス」をつくっていく上での、きわめて大きな強みになると言えるのです。

それが企業の販促にどのようなメリットを生み、ビジネスの拡大にどうつながるかを本書で具体的に説明していくわけですが、**顧客データを直接得られることがD2Cビジネスの一番のメリット**であり、サブスクビジネスの成功のカギになることを、よく覚えておいてください。

IT化に乗り遅れると、会社の寿命は必ず縮まると言い切れるこれだけの理由

今では5Gなどの高速インターネットのインフラが整備され、スマホを片手に手の

ひらでできることが圧倒的に増えました。

けれども、こうした現状に目をつむっている経営者はまだ結構いて、ベテランの年輩社長などは理屈では必要性を認識していても、自社へのＩＴの導入や活用を後回しにしがちです。残念ながら、それではこれからのビジネスで生き残ることは難しく、変化に順応していかなければ絶滅していくのは、生物の歴史が証明しているとも言えます。

現代は、ネットを活用してビジネスを進めるのは、もはや当たり前です。それに手をつけないまま従来どおりのアナログ経営をしていると、間違いなく時代に淘汰されてしまいます。今後ＩｏＴやＡＩ化に拍車がかかることが明らかな今、企業は従来のアナログ経営からの転換を図らなければ、この先のビジネスで生き残ることはできません。

ＩＴを活用して定量的なエビデンスを積み重ねることで、消費者心理や購買行動モデルを知り、それを販促に結びつけることで売上を伸ばしていく。従来の感覚値に頼るような事業運営では成長は望めないということなのです。

効率化によるコスト削減だけじゃない！ＩＴ化のさらに大事な目的

加えて大事なことが1つあります。

単にＩＴ化するだけではダメで、そこにマネタイズ（収益化）の軸が通っていなければならないことです。効率化やコストの削減を求めるだけでなく、売上を伸ばすためにＩＴを活用することを、常に考えていくことが重要です。

実際にそれを可能にする仕組みが、今の世の中にはあふれています。

ＩＴ化の目的は、効率化によるコスト減と思われがちですが、経費圧縮だけを目的としても企業の成長はありません。自社の売上をダイナミックに伸ばしていくために、ＩＴをいかに活用していくか。その具体的な方法が、企業におけるＤＸ（デジタルトランスフォーメーション）の推進でもあるわけです。

経費削減でコストを抑えることに傾斜しすぎると、同時に売上も減っていく縮小均衡へと進みがちです。それではビジネスはおもしろくありません。事業に自ら追い風を吹かせることでこそ、ビジネスは楽しくなります。そのためのＤＸ化を進めてほしいのです。

たとえば、**顧客一人ひとりに対するカスタマイズの工夫**であり、**ＤＸを使った顧客管理**であり、**属性データの収集**です。

従来は営業マン一人ひとりがExcelの顧客リストで管理していたものが、ＤＸの導入によって個別のデータ蓄積をし、分析しながら汎用していくことで新たな売上の獲得につながります。それが、本当の意味で企業やビジネスを成長させるためのＩＴ化です。

たとえば、実店舗においても、Amazon Goに代表されるような無人のデジタル店舗が増えてきました。来店客が棚から取り出した商品の金額が自動で計算され、クレジットカードに請求する仕組みをベースにした、「無人決済方式の店舗」です。

これは、顧客の購買行動を各種センサーで分析し、瞬時にデータ化して集め、マーケティングに活かしていく発想が基になっています。１つの商品を買った人の属性をデータとして蓄積していき、次の販促へとつなげていくことも可能で、こうした試みは大手企業ではもはや当たり前のように行なわれています。

通信販売における顧客との接点も、ＩＴが導入されないままだと営業時間内の対応しかできなかったものが、ＩＴを活用することで時間の制限なく行なうことが可能になりました。

つまり、ネット通販であれば**24時間３６５日売り続けることが可能**で、同時にそれだけ膨大な顧客データが集まっていくわけです。こうした販売手法はＡＩやロボティックス、ＩｏＴなどのＤＸテクノロジーを使うことでさらに深化（進化）し、マーケティング４・０からすでに５・０の領域に入っています。

時代に適応しつつ、先進のデジタルマーケティングを効果的に導入していくことが、企業にとっての新たな成長戦略につながるのです。

所有する時代からシェアする時代のビジネスモデル

ストック型の安定した収益構造をベースに、賃料や人件費などの固定費を最小限にとどめ、顧客との高純度な直接コミュニケーションとDXテクノロジーを融合させて売上の拡大を図る――。これが、今後のマーケットで勝ち組になる「先の読めるビジネス」の条件だと説明してきました。

ここでもう1つ、モノを買う側であるユーザーの消費心理について、あらためて触れておきましょう。

今や、クルマや高級バッグ、高級時計でも何でも、「所有する時代」から「シェアする時代」へとユーザーの意識は変わりつつあります。

もはやCDを買って音楽を聴く時代ではなくなり、映画やドラマもDVDで保有していく時代は過ぎ去りました。いずれもスマホのアプリを使って、定額を支払って聴き放題や見放題の環境で利用できる時代になったのです。

若い世代がクルマを持たなくなったと言われて久しく、クルマは買うものではなく、借りるもの、シェアするものという捉え方です。

わざわざ買って、維持費や駐車場のコストがかかるのは馬鹿らしい。いつも乗るわけではないのだから、必要なときだけあればいい、というきわめて合理的な考えが根底にあります。

いろんなことを我慢しながらお金を貯めて、欲しかったものを買うこれまでの消費行動から、**手軽に毎月一定のお金を支払いながら、試せる、選べる、体験できる**ほうを選択する。

所有しないから、気軽になんでも選べるし、体験できる——。モノを得るための方法や考え方が変わり、対価のハードルが大きく下がってきたのが今の時代です。

先の項で「年収200万円時代」についても触れましたが、今の若者をはじめとしたユーザーは、たとえ高所得でなくても楽しく暮らせる術《すべ》を見つけるのが、以前よりも格段に上手くなっています。

自分の生活に見合った消費をしていく、つまりは**工夫をしながら消費行動を楽しむ**。

所有しなくても、シェアでいい。そうした価値観の変容が、新たなビジネスモデルやビジネススタイルが生まれる背景として明確に存在するようになったわけです。

国内の人口減少時代にも対応したビジネスモデル

また、今後の日本が直面していく人口の減少も、ビジネスに大きな影響を与える重要な要素となります。

購買側の絶対数が減っていくわけですから、従来のビジネスモデルのまま何も変わらなければ、売上も利益も減少するのは目に見えています。

ましてや売上不振に悩んでいる企業は、今変革しなければ収益はさらにジリ貧になり、明るい未来などなかなか描きようもないでしょう。

特に、実店舗型のビジネスが中心の企業はなおさらで、顧客のターゲットを広げるために、商圏を広げてネットでユーザーとつながるビジネスを考えていく必要があります。

同時にこれからの市場では、**一度つかんだ顧客は離さず、ずっとキープし続けるこ**

とを考えていかなければなりません。

新たなユーザーを獲得していくマーケティングはもちろん重要ですが、**既存の顧客から長く、より多くの売上を得ていく**ことを重視すべきです。自社の商品やサービスをずっと愛してもらえるよう顧客とかかわり、育てることで、長期の取引を続けていけるビジネスモデルが必要なのです。

そんなふうにビジネスを変えていける企業は生き残ることができ、逆に従来の経営スタイルを何も変えないところは、まず淘汰されてしまうと思うのは私だけではないでしょう。

従来型のビジネスモデルに固執していると、もはや先はありません。こうした市場や価値観の変化や流れは、もう誰も止められません。

今、世の中の消費者および、あらゆる消費市場は、新たな購買行動モデルへと大きく転換しています。そのことを、経営者をはじめビジネスに携わる人は、しっかりと認識したいものです。

第2章

1人で年商10億円を売るビジネスモデルがある

売上が倍々になる、驚異のビジネスモデル——「サブスク×D2C販売」

「1カ月で1億円売上を上げる方法、教えます」

「今日から月1000万円が口座に振り込まれます」

こんなメールが送られてきたら、「詐欺メール？」と考えて、送信者をブロックする人がほとんどでしょう。

たしかに、安易に「稼げる」と書かれている情報は、うさんくさいものが多いと思います。ひょっとして、本書で私が書いている内容も、「ホント？」と思われる方がいるかもしれませんね（笑）。

しかし実際に私は、炭酸シャンプーの【サブスク×D2C販売】で、たった1人で年商10億円を売り上げ、そのあとリリースした他の商品でも立て続けに10億を超える売上を上げています。

加えて、私のセミナーに来てくれた経営者の方々も、1億、5億、10億……と売り上げています。

その成功の秘密は、何か？

それは、ビジネスのスタイルが「D2C」だからです。

この章では、成功する「単品リピート通販」のビジネスモデルの重要なベースとなる、D2Cの販売手法について説明していきます。

D2Cとは、先述したように「顧客に直接販売するビジネスモデル」のことです。顧客とダイレクトにさまざまな販売チャネルでつながるもので、従来のリアル店舗だったり、WebやSNSなどでダイレクトに接点を持つことができます。

そして近年、D2Cビジネスが大きくクローズアップされるようになったのは、すでに述べたように、ネットのECサイトで直接販売できるようになったことが大きな要因です。

自らがメーカーとなり、自社製品を自社のECサイトで直接販売することで、顧客とのコミュニケーションが濃密に行なえるマーケティング手法。

この「顧客と直接つながる」＝D2Cの販売手法と、「顧客との関係性を長く続ける」＝サブスクリプションを融合させたのが、【サブスク×D2C販売】です。

スマホという「小売媒体」で、直接購入者とつながる販売手法

今や、ネットショッピングをしたことがない人を探すほうが難しいほど、インターネットは人々の生活に根付いています。

モノが欲しいとき、自宅や職場から一歩も出ることなく、ワンクリックで商品を買うことができる時代です。**「商品を手に取っていないから買わない」と言う人は稀**で、ネットで何でも買える時代。不安なく、どんなものでもネットで取引できる時代になりました。

そうしたネットショッピングの隆盛に拍車をかけたのが、言うまでもなくスマートフォンの登場です。

2019年の時点で、日本の国民世帯におけるスマホの普及率は83・4％と初めて8割を超え（総務省「通信利用動向調査」）、今なお増え続けています。

大容量の通信インフラが整ってきたことや、セキュリティのレベルやクオリティが

上がったのもスマホを安心して購入して使えるようになった要因であり、環境整備の面で見逃せない部分でしょう。

商品やサービスを提供する側にとっても、写真をアップして若干の説明をつけるだけで効果的な商品訴求が可能になり、販売の利便性が大きく高まりました。

しかも、コロナ禍による巣ごもり需要で、ネットショッピングのニーズが大きく高まったことは、今さら説明するまでもないと思います。

もはやアナログで売っていたあらゆるものが、インターネット上で実際に売られ、スマホを片手に便利に買うことができる時代なのです。

メーカーがスマートフォンという「小売媒体」を通じて、ユーザーと直接つながることができる販売手法。自社サイトはもちろん、ＳＮＳやアプリを駆使して顧客にダイレクトに商品をセールスできるＤ２Ｃは、スマホの登場によってビジネスにおける強烈な存在感を持つことになったのです。

「サブスク×D2C販売」は、日本の数少ない成長市場

このようにD2Cビジネス、つまり、ネットによるD2C通販は、**継続性・安定性が高く、収益性にも優れた稼げる**ビジネスです。

代理店を通さずに商品やサービスを直接消費者へ届けることから、人件費や賃料などの固定費を極限まで抑えることができ、利益率が格段にアップします。

人口減少により多くの業界で市場が縮小している今、D2Cを活かした成長市場で数十億円を売り上げるオリジナルブランドが次々に誕生しており、今や中小企業だけでなく、大手企業もD2Cによる売上比率を上げる戦略に転換しています。

こうした**「D2Cネット通販」の主なメリット**を整理すると、次の図のように集約されます。

「D２Cネット通販」の主なメリット

①**【高い利益率】**……消費者に直接販売するので、中間マージンをどこにも取られない。そのため、売った金額から製造コストを差し引けば、それがそのまま利益になる。

②**【固定費なし。販売コストなし】**……インターネットで販売するので、リアル店舗を構える必要がない。販売員や営業マンを雇う必要がない。

③**【注文から配送までワンストップ】**……お客様から注文が入ったら、契約している倉庫から業者が直接消費者の家まで届けてくれる。

④**【在庫管理をしっかり行なえば、販売機会損失なし】**……24時間営業が可能。ネットで注文し、自動的に発送されるため、24時間オープンのコンビニと同じ。

大企業から中小零細企業まで成功しているビジネス

こうした優位性を武器に、あっという間に売上が年商数億円を超えていく成功例が多数あるのが、D2C通販です。

ちなみに当社は、コールセンター事業によってD2C単品リピート通販の事業者様のサポートもさせてもらっていますが、実際に年商10億円をわずか数名で達成した企業を数多く知っています。

たとえば、「DUO」というメイク落としをD2Cで販売するプレミアアンチエイジング（株）は、**1つのクレンジング商品で100億円以上を売り上げて東証マザーズに上場**しました。

市場規模の大きなところで販売をすると、おのずと達成できる売上が高まります。驚くべきことに、ノニジュースですら市場規模は900億円あり、青汁の市場規模はなんと1000億円を超えています。そして注目すべきは、社員数名で、たった1つの商品によって10億円を超える売上を上げているという事実です。

これまでの小売業は、まずテナントを借り、そこに多くの販売員を常駐させ、その間に卸業者などを仲介させる必要がありました。

そこには多くの固定費がかかっていましたが、そのプロセスをすべて取り払っているのがD2Cの手法です。これなら確かに利益が出るとおわかりいただけたのではないでしょうか。

つまり、あなたが考えることは、

「何を世の中に提供すれば、喜んでくれるか？」。

それだけでいいのです。

公開！【サブスク×D2C×単品リピート通販】成功の5原則

D2Cモデルと、第3章で説明する、単品サブスクモデルを組み合わせた「単品リピート通販」こそが、あなたのビジネスを成功へと導く必勝バイブルです。

それは、次の「【サブスク×D2C×単品リピート通販】成功の5原則」を守れば、必ず成功します。

1. 商品の数は1種類。「単品」の「リピート通販」が原則。
2. 悩みを解決する「消費財」に特化する。
3. モールに出店せず、D2C販売する。
4. すべて外注化し、頭を使っても手は動かさない。
5. 「自社ブランド」のサブスクで不動の地位を築く。

本書では、これらの原則を詳細に解説し、年商10億円のビジネスを築く方法をあなたに手取り足取り教えていきます。

D2C×サブスクビジネス時代の到来は、まさに「黒船来航」のように、人々の消費生活を大きく変える出来事です。

あなたの会社、従業員、家族を守るため、この時代の流れに乗り遅れることのないよう、ぜひ本書でノウハウを身につけてください。

ドラえもんの秘密道具「バイバイン」ではありませんが、売上も倍、魅力的な商品も倍、利益も社員の報酬も倍、喜ぶ消費者も倍になる――。

あなた自身はもちろん、まわりの誰もがハッピーになるような至福のビジネスを、ぜひ実現してほしいと思います。

ユニクロがコロナ禍で強かった理由

多くの業界・業態の企業が深刻な影響を受けたコロナ禍。その中で、数少ない「勝ち組」として名前が挙がるのが、ユニクロなどを運営するファーストリテイリングです。

軒並み業績を落としたアパレル業界にあって、ユニクロがもたらした好業績は見事でした。

実際に、ファーストリテイリングの2020年9〜11月期決算は、売上高に相当する売上収益が前年同期比0・6％減の6197億円となったものの、営業利益は同23・3％増の1130億円と大幅な増益となりました。

なかでも、国内ユニクロ事業の売上収益は同8・9％増の2538億円と好調に推移。外出着よりもルームウェアとして着られることが多い商品特性もあり、コロナ禍での在宅需要をつかんだことが大きかったようです。

ユニクロは、自社で企画・生産した商品を直営の実店舗で販売する、SPA（Speciality store retailer of Private label Apparel）と呼ばれる形態で独自の成長を遂げてきました。

SPAのコンセプトは、D2Cとそれほど違いのないもので、広義では同様と言ってもいいビジネスモデルだと考えられます。

つまり、ユニクロがコロナ禍においても従来と変わらぬ好業績を維持できたのも、D2Cビジネスを丁寧に推し進めた結果と言えます。

そのステップはたったの3段階。

①企画して、②製造して、③販売する

という3つのステップを踏むだけのごくシンプルなモデルです。

けれどもそこには、外的要因で生じるリスクを最大限にヘッジできる「先の読めるビジネス」を可能にするための仕組みがあります。それを備えているかどうかで、ビジネスの成果には雲泥の差が出るのです。

①企画

企画の段階で原材料を調達しますが、同社は大手の繊維メーカーと共同開発をしています。たとえば、ヒートテックは繊維上場会社の東レとの共同開発であり、開発に必要なデータは世界中の店舗から集めた要望から生み出されています。ニーズと需要があるから、それに合わせて開発をするというマーケットイン重視の構図があります。

②製造

調達した原材料を基に生産しますが、自社工場を持たずに中国、ベトナムなど海外工場に製造を委託しています。委託工場では厳しい品質チェックが常に行なわれています。

③販売

直営店の店頭でどのような陳列をするか、現場ではどのような色が売れてどのような反応があるのか、どのサイズが売れるのかといった購買行動に関するデータが販売の現場でどんどん溜まっていきます。

ユニクロではEC販売も行なっており、アプリでポイントが貯まる仕組みも構築。アプリ登録で顧客の細かな属性データを収集・蓄積し、顧客の嗜好《しこう》を広範囲につかむことで、適切な商品の提案につなげています。

データに基づいたセールスプロモーション、商品開発が可能

このように、店舗では販売はもちろんのこと、顧客の生の声、そして実際に売れた商品カラーやサイズまですべてをエビデンスデータとして把握していきます。

購入したアイテム、どこの店舗で購入したか、来店頻度はどれくらいか、1回の購入額や客の性別、体の大きさ、好きな色、そして形など、**購買データを細かく蓄積し**ていくことができるのです。

ECサイトについては、どの検索エンジンからサイトにアクセスしたのか、ブログからきたのか、SNSからきたのかなどすべての分析ができていきます。

こうしたデータを膨大に得ることで、サイト内での売り方にも工夫がなされ、売れるカラーなども事前にある程度予測することができるようになります。

ウェアの売上ランキングをつくることや、コラボ商品、人気のコーディネートなどの提案にも説得力が生まれ、何が一番売れているのかを示すことで、顧客の購買行動に迷いをなくす効果も得られるのです。

売れるものがさらに売れることで在庫の管理が楽になり、説明がなくても売れていくために人件費も抑制でき、製造原価が下がります。こうした好循環で、当然ながら利益率も上がっていくわけです。

このような、**顧客から直接集めたデータを細かく活かしていくセールスプロモーション**は、代理店やパートナーに販売を委託しているアパレル会社ではまずできません。

D2Cビジネスによって顧客と直接つながり、そのデータを最大限に活かすことが成功へのカギです。エビデンスに基づき、データを活かして「先を読んだ」上での商品開発が可能になるからこそ、多彩なマーケティングとプロモーションが可能になるわけです。

　こうしたD2Cモデルの強みを改めて示したのが、コロナ禍におけるユニクロの好業績であったと言えそうです。

　今回わかりやすい例としてユニクロの例を挙げましたが、ユニクロだからできたわけではありません。大企業だからできたわけでもありません。中小・零細企業でも、十分できる手法であることを忘れてはいけません。

「モール型EC」と「D2C」の違い

　たとえば、インターネット上でのショッピングというと、多くの人がAmazonや楽天などのECサイトをイメージするかもしれません。

　けれども、これらのECサイトは「モール型EC」と呼ばれ、消費者への直接販売の手法である「D2C」とは異なるものです。

　実際、これまでモール型ECを利用してネットショッピングをしたことのある方は多いでしょう。

モール型ＥＣとは、多数の企業や商店のＥＣサイトが集まったインターネット上の仮想的な商店街のことで、ネット上の百貨店やショッピングモールと考えればわかりやすいかもしれません。その代表的なものに、Amazonや楽天、Yahoo!ショッピング、ZOZOTOWNなどがあります。

では、商品を販売する側から見た、「Ｄ２Ｃによる自社ＥＣサイト」と「モール型ＥＣ」の大きな違いは何でしょうか？

実はこの違いには、大事な要素がいくつか含まれています。

その違いをわかりやすく伝えるために、ここで**「モール型ＥＣのデメリット」**を整理してみましょう。

◎デメリット①：モールへの出店料や手数料がかかる

テナント出店料をはじめ、広告料や売上に応じたロイヤリティなどの費用が発生します。加えて、モールの規模が大きいほど費用が高額になる場合があります。

◎デメリット2：商品の値下げ合戦になりがち

モール型ＥＣの中では、同業他社が類似商品を多数販売しています。ユーザーは低価格のものを探すため、価格競争が激しく、値下げ合戦が起きやすくなりがちです。その結果、利益率が低下することになります。

◎デメリット3：自分のショップのブランディングにつながらない

モール型ＥＣで買い物をした人に、「それ、どこで買ったの？」と聞くと、Amazonや楽天といったモールの名を挙げる人がほとんどでしょう。モール内のあなたのショップのことを認知する人は非常に少ないのです。

◎デメリット4：顧客データが取れない

モール型ＥＣでは、顧客の情報や属性データはモール側の所有物となります。各ショップが顧客リストにアクセスすることは基本的にはできません。顧客情報を得てマーケティングに活かすことができないという決定的なデメリットがあります。

「顧客データ」を自社で所有する重要性

モールでなく自社サイトであれば、購入してくれた顧客のデータを取ることができ、最適な商品の提案など今後のマーケティングに活かすことができます。

顧客と直接つながり、長期的で良好な関係を構築することができれば、こちらからの提案で商品やサービスを案内していく機会は限りなく生じます。つまり、顧客データなどの情報は自社にとってのきわめて貴重な資産なのです。

それがECモールでは、ユーザーが買いにくるのはあくまでもAmazonや楽天のポータルサイトですから、出店事業者の直接の顧客ではありません。必然的に顧客の情報は取れず、マーケティング活動を行なうことも許されていません。

モールの顧客はあくまでモールのものであり、出店者がお客様と直接つながりを持つことは非常に困難と言わざるを得ません。

このことは、ビジネスを進めていく上で、きわめて大きなデメリットです。自社の売上を伸ばす上で、決定的な機会損失を生んでいることを強く認識すべきなのです。

「価格設定権」を自社で持つ重要性
――モール販売である限り、薄利多売から抜け出せない

インターネットでモノを売りたいと考えるとき、まずは楽天やAmazonなどのプラットフォームを使って商品販売することを考える人は多いのではないでしょうか？　けれども安易にそうしてしまうと、間違いなく価格競争に巻き込まれることになります。価格決定はモール内店舗同士の力関係に左右され、結果として薄利多売という状況に陥るのです。

その点、**D2Cの場合は、自ら商品の価格を決めることができる**メリットがあります。つまり、利益を見込める金額を自分で設定できるという強みがあり、結果として得られるモール販売との利益率の差は、まさに圧倒的と言えるのです。

価格設定の際には、当然ながら商品の価値をきちんと把握し、説明することが大事です。価格にふさわしい価値があれば、強気な値段をつけてもまったく問題ありませんし、**独自の価値を持った単一商品として、市場でしっかりと勝負**していけます。

ところが、モール内で横並びになると、同じような商品と比較されてしまい、価格だけで即断されて終わりです。安い商品が出ていたら、検索にさえ引っかからないこともあり、よほどインパクトのある価格を出さなければ認知されません。

モールは価格の安いものが売れていくというはっきりした傾向もありますから、やはり値段勝負になってしまうのです。頑張って安価に設定した上に、売れてもモール事業者や代理店に手数料を支払う必要があるため、行き着く先はどうしようもない薄利です。

たとえば、大手モールで仮に1000万円を売り上げたとしても、実際の手残りはほとんどありません。年間に1億円を売り上げても、手元には不思議なほどお金が残らない。これがモール販売の実態です。

一方で、直販のD2Cであれば、売価の約65%が利益になることもあり得ます。モール出店の、まさに数十倍の利益が見込めるわけです。

こうした実例を見ても、モールでの販売に注力するのではなく、**自社サイトによるD2C購入の顧客を着実に増やしていく**アプローチを考えていくべきだと言えるでしょう。

「モール型ＥＣ販売」と
「Ｄ２Ｃによる自社ＥＣ販売」の比較

	モール型EC販売	D2Cによる自社EC販売
出店料・手数料	必要	不要
価格競争	巻き込まれる	なし
価格設定権	競合他社の影響を受ける	自社にあり／強気な価格設定も可能
利益率	低い／薄利多売	高い／売価の65％も可能
ブランディング	つながらない	つながる
顧客データ	とれない	とれる
顧客に合ったサービス提供	限界あり	直接やりとりで可能
顧客に合ったマーケティング	できない	できる

⇩

「価格設定権」と「顧客データ」の有無が最大のポイント

モール型ＥＣだと、せっかくの努力が報われない!?

モール型のＥＣ通販をかなり悪者扱いしてしまいましたが、Ｄ２Ｃ通販のメリットをよりわかりやすく説明するためと考えて、どうかご理解ください。

これまでは、ＥＣでの商品販売というと、楽天やAmazonといったモールを経由するのが主な方法であったのは確かです。

けれども、今一度ここで質問しますが、たとえばモール通販で買い物をしたあなたは、その商品を、モール内のどこの店舗で買ったか覚えているでしょうか？

モールショッピングで買い物をした人に、「その商品、どこで買ったの？」と聞くと、10人中９人、いや下手をすれば10人とも、「楽天だよ」「Amazonで買った」と、プラットフォームの名前を返すのではないでしょうか？

これは、商品の売り手にとっては、実に大きな問題です。

あなたがモール型ＥＣでせっかく売っても、そこに出店しているあなた自身のショップが認知される可能性は驚くほど低く、その意味でのPR効果は皆無。単に売上をつくる、という結果が得られるだけなのです。

「でも、売れるんだからいいじゃない」――そうあなたは言うかもしれませんね。

もちろん、モールECを使って売上を上げることは大事な要素もあり（後述しますが）、一概にダメというわけではありません。

けれども、そこに終始していたのでは、あなたのビジネスはいつまで経っても「先の読めないビジネス」のまま。

「楽天で買った」「Amazonで買った」ということしかユーザーの記憶に残らなければ、先のビジネスにつながりにくいのと同様に、顧客情報を得られないという決定的なデメリットが生じているのです。

大事な点なので繰り返しお伝えしていますが、それが先に挙げた「デメリット4」に関するマイナス要素です。**モール型ECでは顧客情報はモール側の所有物となってしまい、あなたのショップではその情報を得ることができない**というデメリットがあります。

モールの出店者は、せっかくユーザーがあなたの商品を買ってくれても、どこの誰なのか、その情報を得ることができません。顧客リストにアクセスすることは基本的に無理ですから、顧客情報を基にした今後のマーケティングを行なう術がないことになります。

結局のところ、**あなたの商品をモール型ECでブランディングすることは不可能**です。

あなたの商品を買ってくれた大切なユーザーの情報を一つひとつ得ていくことが、ビジネスに連続性をもたらし、フロー型でなくストック型のビジネスモデルの構築へとつながっていきます。それが、「先の読めるビジネス」への入口になるのに、モールにばかり頼っていては、いつまで経ってもたどり着きません。

「モール型ＥＣ」に依存するのではなく、重要なのは、やはり「Ｄ２Ｃ通販」です。

もしもあなたがモール偏重に終始しているなら、ぜひこの先を読み進めていただき、あなたの努力が報われるＤ２Ｃビジネスへと舵を切っていただきたいと思います。

やっとD2Cのインフラが整った

前の項で、製造から販売までを一貫して行なうユニクロのSPAの例を挙げて、「SPAはD2Cと同様と言ってもいいビジネスモデル」と書きましたが、異なる点はもちろんあります。

それは、SPAが主にリアル店舗を構えて販売を行なう形であるのに対して、D2Cはネット通販が主要な販売チャネルとなる点です。

つまり、D2Cが近年注目されるようになったのも、ネットを中心としたデジタルマーケティングのインフラ整備が大きく進み、**メーカーが直接消費者にアプローチしやすくなった**からです。

インターネットやスマートフォンの普及によってEコマースが一般化するとともに、SNSに関するさまざまな情報インフラが確立されました。Facebook や Instagram、Twitter、TikTok など、消費者と直接つながることのできる手段＝ツールが格段に増え、消費品やサービスを訴求していくバリエーションが一気に広がったのです。

これまで実店舗しか持っていなかったメーカーが、ネットのインフラを活用して情報媒体を持つことで、効果的なマーケティングを行なおうとするのはもはや自然な流れです。

リアル店舗によるマーケティングと並行して、D2Cに乗り出すメーカーが増えているのはもちろん、D2Cでビジネスをスタートしたあとで、実店舗の展開を考えていくような手法も今では増えています。

その他、**代金決済のシステムとして、後払いで支払いができる仕組みが整ってきた**ことも大きいでしょう。

後払いとは、ネット通販サイトで注文した商品が届いた後に支払う方法で、これがテクノロジーの進化で自動化できるようになりました。

従来は、購入してくれた人に、代金を支払ってもらってから商品を届けるという流れでした。先払いが面倒な人や、商品を得るより先にお金を払うことが購買のハードルになったり、支払いを先送りにしているうちに購入意欲がなくなってしまう人もいたでしょう。

購入手続きに面倒さがあると、ストレスを感じて消費者は買わなくなります。その点、カートシステムなど、ネットを使った購入方法が後払い（同時払い）の仕組みとして確立されたことで、D2C通販が広がる大きな追い風になったのです。

つまり、以前と比べて、クレジットカードによって自動課金できるシステムや、定額での引き落としサービス、後払いシステムなどで購入のハードルが下がる仕組みが整ってきたことが大きいと言えるでしょう（第7章で詳述）。

そして、購入して使った上で支払う、または気に入らなかったら返品・返金もOKという**安心度の高い取引ができる環境が整ってきた**ことで、D2Cによる購入のハードルが下がったわけです。

言うなれば、売り方のモデルにシステムの構築が追い付いてきた、ということかもしれませんが、**決済の仕組みも含めたインフラ**が整うことで、D2Cにふさわしい環境が整ってきたことは、これからビジネスを始めようとする人にとっては大きな追い風です。

もはや、従来の商品流通の概念は、完全にリセットされたと言っていいでしょう。

誰もがメーカーとなり、それを求める消費者に、際限なく直接購買を働きかけることができる時代。つまり、あなたにもそのチャンスは十分にあるのです。

個人で自社ブランドをつくれる時代へ

Ｄ２Ｃ通販の市場規模は、コロナ禍による巣ごもり需要の増加や、それに伴ってビジネスモデルの転換を考えた企業が増えたことで、２０２０年に大きな広がりを見せました。

今後、この流れはさらに加速すると予想され、自ら新たにＤ２Ｃブランドを立ち上げる人も格段に増えていくと私は推測しています。

個人でＳＮＳによる情報発信を活発に行なっていたり、YouTubeなどの動画サイトでファンを持っている人はなおさらです。

Ｄ２Ｃ通販は、誰でもアイデア１つで商品やサービスを提供できるビジネスモデル。誰もが個人で自分のブランドを立ち上げ、育てていくことができる、夢のある時代がやってきています。

自社（個人）ブランドを持つ際の最大の壁もコレで乗り越えられる

ただし、インフルエンサーなどの個人や、小さな企業が自分や自社のブランドを持つのに最大の壁となるのが、モノをつくっていく上での製造面でしょう。つくりたいもののアイデアはあっても、それを形にするための技術についてイメージできない人は少なくないかもしれません。

でも、ご安心ください。そうした「商品のつくり方」についても、このあとの章で紹介していきます。

モノをつくり、D2Cで売っていくための環境整備を行なうには、イニシャルコストはさすがにゼロというわけにはいきませんが、**リアル店舗でビジネスを始めることに比べれば、圧倒的に安価で始められる**のは確かです。

売る商品は、モノではなくサービスでもOK

また、最初はモノではなく、サービスなどを提供するモデルであれば、きわめて少ない資金でスタートすることも可能です。

たとえば、独自の料理法を紹介して、自身のブログで一定のファンを集めていた主婦が、D2Cビジネスとしてコンテンツ化し、2000万円を超える年収を得るようになったケースもあります。教育コンテンツなど、サービス商材をオンラインで有料提供していくことで、安定した収益を上げていくことが誰でも可能なのです。

私自身、現在のビジネスの成功の原点は、コミュニティ運営で始めた、中国語のコンテンツ商材の提供からでした。こうしたサービス商材だと、モノをつくる必要がなく、最初のハードルが低いためにスタートがしやすい利点があります（当社では現在、D2C教育コンテンツを提供するビジネスノウハウを動画で公開しています）。

共感を得られるような商材やサービスのアプローチの仕方をしていけば、たった1つの商品でも、きっと支持されます。つまり、たった1人で自分だけの人気ブランドをつくれるのです。

自分で飲食店やサロンなどをやろうと思うと、何千万も先に投資して始める必要があります。そのリターンは何年後かに回収、というのが普通です。でも、このD2C通販ビジネスは、まさにパソコン1台あれば始めることができます。

実際、私が中国語コンテンツの提供ビジネスを始めたときは、ノートパソコン1台と、1万円のレンタルオフィスだけを準備してスタートしました。

自分のブログやSNSを持っていれば、広告コストをかけずに、そこから情報発信をしていけばいい。「欲しい！」と手を挙げてくれる人がいれば、その分をまずは提供する。そして、少しずつファンを増やしていくのであれば、ほとんどリスクはないでしょう。

そうやってハードルの低いところから始めて、評判が良ければ第2弾、第3弾とリリースし、D2Cの実践ノウハウが溜まれば、モノづくりによるビジネスへとシフトしていけばいいのです。

顧客と直接つながりながら、リアルなデータや反響を蓄積し、より良い売り方に反

映していくことができる。繰り返しますが、それがD2Cビジネスの醍醐味です。

私がおすすめするD2C【単品リピート通販】は、その醍醐味を存分に味わえる、手応えいっぱいのビジネスです。

顧客と直接つながり、しかもその関係性を長く続けることで、あなたのブランドや商品は、確かな成功を得ることができます。

では、単品リピート通販のもう1つの大事な要素「顧客との関係性を長く続ける」を実現するビジネスモデル――「サブスクリプション」の手法について、次の章で詳しく解説していきましょう。

第3章

サブスクで「一見客」が「一生客」に変わる

もはや無視できないビジネス定番モデル

ひと昔前までは、売れるかどうかわからない商品をいわばやみくもにつくり、それにいかに付加価値をつけるか、というビジネスモデルがほとんどでした。それが、フロー型と呼ばれる売り切りのビジネスです。

それが今では、必要な商品やサービスを定期的に提供するストック型のビジネスが重視されるようになっています。先の需要があることがわかっている商品を継続的に販売し、顧客と長期的な関係を築き、安定的に価値を提供していくビジネスモデルにシフトしているのです。

つまり、消費者に製品やサービスの使用権や、製品そのものを定期購入してもらう収益モデル。これが、「サブスクリプション（サブスク）」です。

サブスクのメリットは、継続的に顧客数を予測でき、安定して収益を生み出すことができる点。この優位性に着目し、ここ数年さまざまな業界でサブスクの導入が急速に進んでいます。

本書冒頭でも紹介したように、ファッションのサブスク、自動車のサブスク、住居のサブスク、リフォームのサブスク、食品や飲料のサブスク、ソフトウェアのサブスク、音楽コンテンツのサブスク……など、あらゆるサービスや商品などが続々と誕生しています。

日本国内のマーケティング史から読み解く「サブスク」

サブスクは、**「顧客との長期的な関係づくり」**が大切であることが前提で、そこにビジネスチャンスが生まれていきます。

しかし、日本では、この関係づくりの仕組みをつくるのが得意ではないと言われてきました。

ここで少し、日本でのマーケティングの歴史を紐解いてみましょう。

今、世界中でサブスクの波が起きていますが、日本ではこの収益モデルの浸透の度合いが低いままでした。それは、海外に比べてマーケティングへの理解度が低いからだと言われてきました。

これをコトラーの提唱するマーケティング1・0から4・0までの変換で説明してみます。

◎**1・0＝製品中心**（1900～1960年代まで）・安く商品を大量に売ることが主流。

◎**2・0＝顧客中心**（1970～1980年代まで）・顧客ニーズで商品をつくり、競合と差別化で販売。

◎**3・0＝価値重視**（1990～2000年代まで）・デジタル化となり、利便性以外の付加価値が必要。

◎**4・0＝自己実現**（2010～現在）・製品やサービスから得られる体験から顧客自身が満たされる自己実現のステージ。

このように、マーケティングは時代とともに変化していますが、日本は利便性以外の付加価値の提供が苦手であることから、2・0で止まっていると言われています。

なかには4・0の領域まで進んでいる企業もありますが、その数はまだまだ少ないのが現状です。

たとえば、スターバックスコーヒーを好む多くの人は、コーヒーがおいしいという動機よりも、あの空間が好きだから行くのだと私は考えています（スタバ自体もサードプレイスの提供のビジネスだと言っています）。

また、アメックスのプラチナカードは、年会費の高さという問題はありますが、コンシェルジュサービスなどが受けられる付加価値の充実ぶりから、ステータスを感じることで支持されているのだと考えます。

その点、日本は、こうした「自己充足感」を重視する世界的な流れに乗ることができずに、グローバル化の中で取り残されてしまった感があります。

マーケティング4・0までを具体的に体現しているのは、欧米企業が圧倒的に先を行っています。**利便性以外の付加価値をもたらし、顧客が満たされる自己実現につなげていく**には、長期的なつながりの中で価値やメリットを提供していくことが欠かせません。それを実現するための最適なビジネスモデルが、サブスクリプションなのです。

ビジネスで成功しようと思えば、時流に乗った分野や志向をつかむのが鉄則です。しかも、時流が長く続くと予想されているものが理想であることは言うまでもないでしょう。一時的なブームではなく、時代を先読みして伸び続けている市場でのビジネスを実践することで、成功する確率は格段に上がります。

2019年は「サブスク元年」だった

あらためて世の中を見てみると、2019年は「サブスク元年」と呼ばれ、大手企業が続々とサブスク市場に参入した年でした。

たとえば、キリンビールが月額制ビール「ホームタップ」のサービスを開始したり、トヨタ自動車がサブスクサービス「KINTO」をスタートさせています。

そうした時流から、2019年の「ユーキャン新語・流行語大賞」では、「サブスク」の言葉がノミネートされたのはご存じでしょう。

少し前から、すでにカーシェアリングや、オンラインゲームの定額課金制といったサービスが生まれており、さらに遡れば、オフィス向けの事務機器のリースや、ウォーターサーバー、年間パスポート、ヤクルトのサービスなども生活の中で定着しています。これらも一種の「サブスク」と言えるもので、私たちの周囲はサブスクモデルであふれています。

サブスクは、大きく2タイプ――「サブスク」に合った商品とは？

サブスクには、**「サービス提供型」**と**「商品提供型」**があります。

「サービス提供型」は、Microsoft 365、Netflix、アドビ・クリエイティブ・クラウドなど、モノではなくシステムや情報、データなどを提供するものです。

これに対して、「商品提供型」とは、青汁や大高酵素、オイシックスの食材など、**主に消耗物である「商品」を定期的に提供する**ものを言います。

私が10億円を売り上げた「炭酸シャンプー」は、後者の「商品提供型」のサブスクサービスです。

「炭酸シャンプー」は女性向けのヘアケア商品ですが、継続して使ってもらうことで効果・効能を発揮するものです。

そのため、他のシャンプーと同じように、「気分によって今月はLUX（ラックス）で、来月はDiane（ダイアン）で……」といったような使い方をする商品ではありません。

つまりは、「一見客ではなく一生客」になってもらうことを想定して開発しているのです。

その意味でも、健康食品や化粧品などのメーカーが、サブスク市場に頻繁に参入しているのもうなずけます。それらの多くは、サブスクとの親和性が高い商品分野と言えるものです。**継続して使い続けることでこそ、効果を発揮する**からです。

つまり、「サービス提供型」にしろ、「商品提供型」にしろ、サブスクのビジネスモデルと親和性の高い商品を開発することで、顧客との継続的な取引がなされ、「一見客」が「一生客」に変わるのです。

今や、生活のあらゆるシーンでサブスク商品があふれ、現代はサブスクが「当たり前」と感じる消費者が多い時代です。

だからこそ、「サブスクで提供することを前提」に、「どんな悩みを持った人に、どんな商品を継続的に提供するか？」を考えてみるといいでしょう。その答えが、サブスクにとって親和性の高い商品になるのです。

サブスクで商品を購入してくれるお客様は、長い取引の中であなたを支えてくれる、人生の伴侶のようなものです。

一生のお付き合いとなり、あなたの会社を豊かにしてくれるはずです。

売り切る時代から長く付き合う時代へ

「一見客」が「一生客」に変わるビジネスモデル。サブスクリプションは、顧客が商品やサービスを一度気に入ってくれれば、ずっと使ってもらう仕組みを提供するサービスです。今やリフォームや家電、家具までサブスクビジネスを導入する企業が増えてきて、国内でも広く一般化してきました。

単発の売上を上げるのではなく、毎月課金していくことで安定経営ができるのがサブスクの強みです。その目的は、安定した売上と収益の確保にあります。

サブスク型ビジネスには、いろんな形が考えられます。

前述した「サービス提供型」と「商品提供型」を軸に、あらゆる商品やサービスがあり得るのです。

たとえば、アクセサリーや陶器など、季節ごとに何が届くかお楽しみ……といった提供の形があってもいいでしょう。漁師の方から、その日に獲れた新鮮な魚介が届くようなサービスでもいいでしょう。地場の旬の野菜が定期に届くようなサブスクなども、「今日は何が入っているのかな？」といった楽しみが得られるかもしれません。

従来の商品・サービスの提供方法から発展させてサブスクモデルを考えていくことは、今の企業にとってきわめて大事なビジネス感性だと私は考えています。

このようにサブスクは、**売り切ってしまって終わりではなく、消費者と長く付き合い、できれば生涯にわたって使ってもらう**ものです。

この視点に立てば、おそらくすべての商材で、サブスク化が図れると私は思います。

「モノを売る」ではなく、「ライフスタイル提案」という発想

コロナ禍でも、常連さんを中心にお客様と長く付き合うスタイルの飲食店はつぶれずに、駅前の一見客を相手にするようなお店は大変な苦境に陥っています。

旅行客や観光客、外国人客といった一時的な顧客層をターゲットの中心にしていた店舗や企業は、倒産や廃業を余儀なくされました。「長く付き合う」という概念のない企業やお店が経営的にも厳しい状況にある、という事実が鮮明になっていると思います。

つまり、**LTV（Life Time Value：顧客生涯価値）を意識した経営**をすることが大切であり、それを実践できるところが、長く生き残っていくのです。

ましてやこれから日本は、さらなる人口減少時代に入り、新規の顧客をどんどん獲得していくという市場性は薄れていくことは間違いありません。

おのずと、**一人ひとりのお客様を直接大事にしながら、長く付き合っていく**ことが不可欠です。まさに本書で紹介する【サブスク×Ｄ２Ｃ】こそ、それにふさわしいビジネスモデルなのです。

個々の顧客と直接コミュニケーションを取りながら、できるだけ長く取引を続けていく。売り切る時代から長く付き合うスタイルへ、時代は明確にシフトしています。

言い換えれば、**サブスクは、モノを売るというよりも、ライフスタイルを提案していくビジネス**と言えるかもしれません。「この商品、いいよ」というよりも、「この商品やサービスを使い続けると幸せになるよ」という生活習慣を提案するビジネスなのです。

「お客様と一緒に商品を成長させる」という発想

また、長いお付き合いの中で、商品をお客様の嗜好やライフスタイルに近づけるためにカスタマイズしていける面もあります。

ストック型の収益モデルであることから新しい商品開発にも取り組みやすく、手がけていくためのデータの蓄積もある。お客様の要望に応じた開発も含め、マーケットインの考え方でビジネスを進めていける点は大きなメリットです。

そのベースとして、何よりもお客様との直接的な関係ができていることが大きいのです。サブスクの一方で、D2Cという直接取引があるからこそそれが可能で、細かいニーズに対応することによって顧客満足度を高めていくことができます。

お客様の提案や意見を直接いただきながら、長いスパンで一緒に商品やサービスを成長させていける点でも、大きな可能性が感じられるビジネスでしょう。

さらなる「サブスク革命」が、すでに起こっている——個人事業主が導入できる時代へ

サブスクリプションが私たちの生活に浸透していったのは、「すでにあるフロー型の商品提供スタイルが、ストック型のサブスクモデルに移行する」という流れの中で起こったことです。

つまり、資金力のある大手企業が、売り切りの商品提供から時流に合わせてサブスクモデルに変えていったことで、一気に広まっていったという側面があります。

その意味では、これまで資金力や企業としての体力がある大手にしか手を出せないのがサブスクモデルと考えられていたかもしれません。

しかし、今や時代は大きく転換しています。もはや**中小・零細と言われる企業まで、サブスク文化が広がっています。**小さな会社でも、もっと言えば**個人事業主**にとって

も、サブスクサービスがスタンダードになる時代がすでに来ているのです。

前述したとおり、過去にも会員制のサブスクモデル的なものはあったわけですが、現在のサブスクが決定的に異なるのは、ＤＸの浸透によって、ビジネスの中身が大きく変わった点です。

前の章で説明したように、**Ｄ２Ｃによって顧客の嗜好を個別的なデータとして蓄積**していくことが可能になり、デジタルテクノロジーを活用して、**顧客が欲しいと思うタイミングに購買意欲を促すことができる**ようになりました。

データを基に顧客満足度を高め、長期的な売上につなげていく点で、ＵＸ（ユーザーエクスペリエンス）としての要素が従来とはまったく違うのです。

顧客の嗜好や行動様式、年齢などの属性を細かく把握していますから、要望に最大限に応えられる商品やサービスを安定的に提供することができます。

そうした顧客データの蓄積に必要な仕組みも、従来は高額な物理サーバーを購入して企業内に設置していたものが、現在では必要ありません。手軽に**オンライン上のクラウドサーバー**を利用することも可能になり、中小・零細企業にとってのサブスク導入のハードルは一気に下がったと言えます。

データの収集・分析によって顧客のニーズを予測し、商品やサービスの改善や効果的な付加価値の提供を行なうことで、長く満足度を高めていくことができます。

顧客の声を直接聞きながらブラッシュアップが進められ、ニーズに応えながらリニューアルを検討できる。サブスクに転換することで、売り手と買い手が継続的な取引の中で意見を交換し合い、カスタマイズしていけるわけです。

つまり、双方にとって有益なものを提供でき、顧客の側にもメリットが生まれます。**顧客に商品の成長を促してもらえるコミュニケーションが取れる**のがサブスクの大きな強みであり、こうした双方向性のある商品・サービスの提供であるからこそ、顧客は購入を止めないのです。

DXの進化に伴って、ユーザーとの双方向のコミュニケーションは、今後いっそう有機的なものに変化していくことが期待されます。現代はまさに、こうした「サブスク革命」のさなかにあると言えそうです。

さようなら、薄利多売

また、サブスクによるメリットは、価格競争の面でも革新的と言える要素があります。

前章で紹介したＤ２Ｃのメリットとして、モール型ＥＣへの出店と違い、他者との価格競争に巻き込まれないという点を挙げました。

これは、サブスクリプションも同様です。売り切りの商品やサービスは当然ながら、競合他社の中で激しい価格競争に巻き込まれてしまいがちです。その結果、薄利多売になってしまうことを余儀なくされてしまいます。

一方、サブスクモデルは、一定期間にわたって継続的に商品を提供（販売）していくものですから、**価格競争に巻き込まれることなく売上が安定**します。加えて、既存の顧客から継続して定額を回収できるため、薄利多売から脱却できるわけです。

こうしたさまざまなメリットをもたらすサブスクのビジネス。従来のビジネスモデルからの革命とも言えるサブスクリプションは、これからさらなる進化を遂げていくと言えるでしょう。

女性のネット通販が、サブスク成長の追い風になる

「サブスク文化」を日本に持ち込み、浸透させたのは、主に外資のサービスです。Amazonプライムや Netflix、Hulu、Spotify など、今では誰でもよく知るサービスとなっています。

けれども今後は、日本の大手企業も進出の度合いがいっそう進んでいくはずです。その証拠に、日本の市場においてサブスク関連のマーケットは急速に拡大しています。

実際、ビジネスモデルを転換してサブスク型にすることで、とんでもない売上を上げる企業が続出しています。企業の規模に関係なく、1つの商品で100億円以上を売り上げる企業が続出するなど、**自社の商品で固定のファンをつくる**ことで爆発的に売上を伸ばしていけるのが、サブスクビジネスなのです。

こうした背景を受けて、ユーザーに定期的に商品を届けるための物流のインフラ整備も急速に進みました。今では注文すると、早いものだと当日、遅くとも2〜3日後には手元に届くという便利さが生まれています。

こうしたインフラの充実もあり、サブスクモデルの中でもD2Cによる通販市場の拡大はまさに急進的です。

それは、**「ネット通販による女性の購入額」が圧倒的に増えた**という点が要因の1つに挙げられます。

女性の社会進出は年々加速し、今や共働きが当たり前の時代です。また女性は男性以上に、自らの生活スタイルをより良く、洗練されたものにするための努力に前向きです。加えて、多くの女性は良いものを見極める確かな目を持っていて、同時に合理的な発想を持ち合わせています。

一方で、今は働く女性が増えたため、買い物に行く時間がとれなくなり、スマホのネット通販を活用することで、合理的に時間の節約をしています。

自分の好きなオリジナル商品を買うことや、一部の地域しか手に入らないような人気の商品をネットで取り寄せることも簡単にできるようになりました。

今までのインターネットショップの画面では写真でしか見ることのできなかった商品が、通信インフラの高速化によって動画で見ることが可能になり、購入のハードルは大きく下がりました。今はクルマや家ですら、ネットで購入する時代です。さらに商品購入後の動画や実際の感想も、動画サイトなどで見ることができます。

以前は、ネットの商品情報は鵜呑みにできない……という風潮がありましたが、今や通販に参入した企業同士が品質向上を競っているため、「ネットで販売される商品が粗悪品である」といった認識はもはや時代錯誤です。

そのような**悪質業者は、ユーザーのシビアな評価や悪評の拡散でまたたく間に淘汰され、市場から葬られていきます。**

商品の質に関する競争の加速と、ネットユーザーの「見張り効果」が、ネット通販業者の信頼性を向上させることにつながっているわけです。

こうした状況は、女性のネットによる商品購入の心理的なハードルを大きく下げました。サブスクリプションのビジネスモデルにとっても、明らかな追い風と言えるものでしょう。

化粧品と健康商品がサブスク通販としてマッチする理由

私が手がけた【サブスク×D2Cビジネス】の最初の成功は、主に女性ユーザーをターゲットにした「炭酸シャンプー」でした。

本書の冒頭でも書きましたが、女性向けヘアケア商品には高い市場性があると考え、抜け毛が気になる女性に向けた商品を開発してサブスクモデルに乗せて売り出したのです。

背景として、必要な人に必要なものを届けるサブスクがブームになる時代が訪れていたことが、この商品のヒットの勝因でもありました。

ここで大事なのは、**「必要なもの」**という訴求要素です。

自分の生活や、自身のクオリティを維持していくために必要なもの。消費者が直面する悩みを解決する商品であることが、サブスク×D2Cの通販ビジネスで成功するための早道と言えます。

そうした視点に立ったとき、サブスク通販で売れやすい商品分野が明らかになっていきます。実は実際の統計でも、そのことが如実に表れています。

ネット通販で、売上市場規模の多い順（文房具を除く）から紹介します。

１位「衣料品（アパレル）」（16・６％）前年比較伸び率22・３％
２位「化粧品や医薬品」（13・９％）前年比較伸び率３・７％
３位「健康食品」（13・１％）前年比較伸び率７・７％
――ＪＡＤＭＡ（日本通信販売協会）２０２１年４月売上高統計より（https://www.jadma.or.jp/statistics/sales_amount/#anchor01）

市場に参入するなら、時流に乗っているもので、しかも今後の規模拡大が望めることがビジネスの鉄則ですが、まさに化粧品と健康食品の業界は、普遍的な要素も含めてそれに当てはまります。

その裏付けとなる、化粧品業界についての市場規模を、ここで少し説明してみましょう。

図を見てわかるとおり、化粧品業界の市場規模は約2兆5000億円と年々増加の一途をたどっています。

そして、日本の経済にとって大きな影響を受けたと言われるリーマンショック、東日本大震災、そして最近では新型コロナの影響をほとんど受けることなく市場が拡大しているのは特筆ものです。順調に市場規模を拡大し、不況や災害にも強く、安定している業界と言えるのです。

――（株）矢野経済研究所「化粧品市場に関する調査（2020年）」
＊2019年度市場規模が2兆6480億円（https://www.yano.co.jp/press-release/show/press_id/2566）

高齢化社会に突入しても、アンチエンジングなどへの期待から、最近では女性だけでなく、**男性も化粧品を購入**しています。

むしろ、若返りたいというシニアが増えることから、高齢化社会は業界にとっても

化粧品業界の市場規模は年々増加中

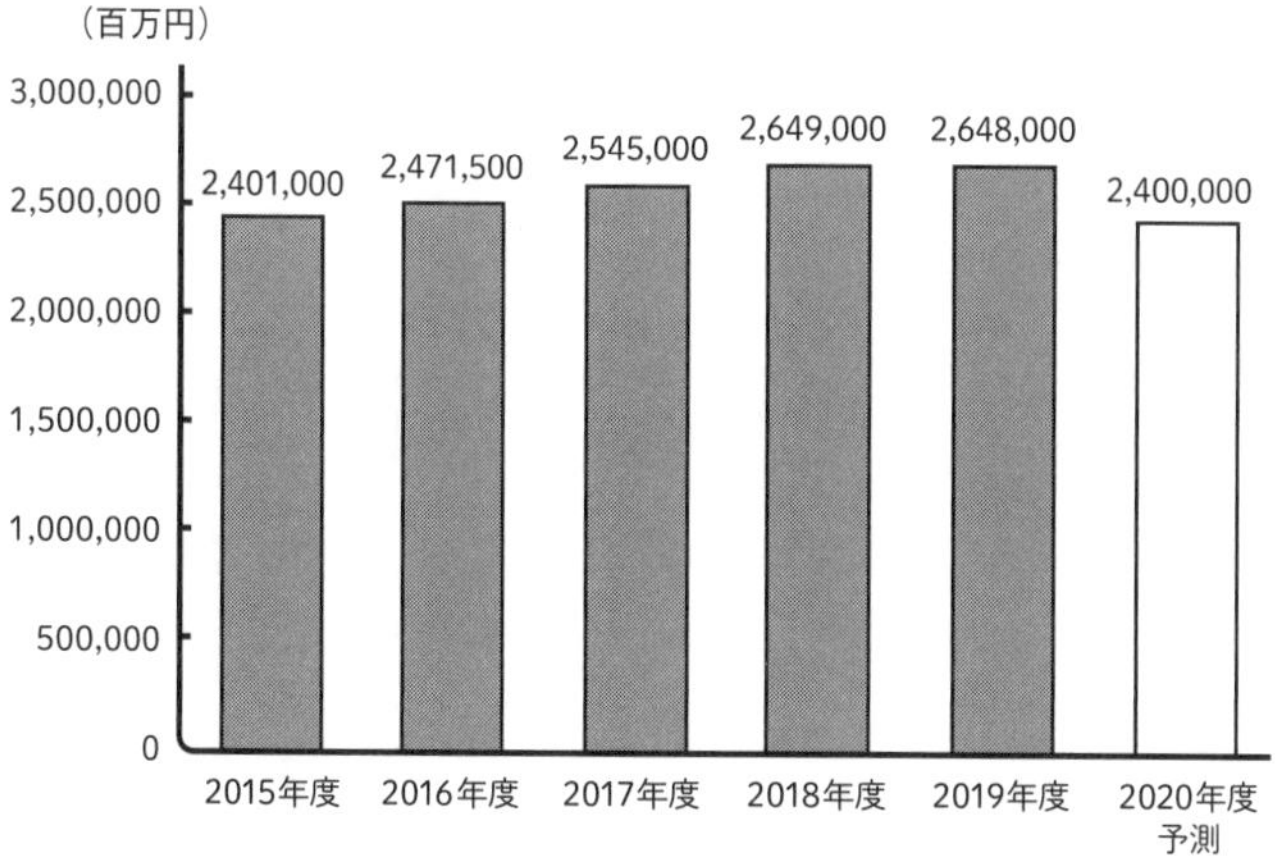

注１：ブランドメーカー出荷金額ベース
注２：2020 年度は予測値

（出典）（株）矢野経済研究所「化粧品市場に関する調査を実施（2020年）」を基に作成

大きな追い風。日本では、今後さらなる市場規模の拡大が有望視される業界と言えるでしょう。

さらに、国を越えて商品購入が増える、**「越境EC」**という言葉を聞いたことはありませんか？

海外では、**メイドインジャパンの化粧品は高い品質とブランド力が評価され、飛ぶように売れる状況**があります。

海外からのインバウンド客が、ドラッグストアで日本の化粧品を爆買いするといったニュースを耳にしたことがある人も多いでしょう。特にアジアでは、日本の化粧品は安全で安心という高評価があり、市場にとってもさらなる追い風が期待されています。

その結果、海外からの需要増加で業界の売上は右肩上がりで伸び続け、この流れは今後も加速していく勢いです。

アフターコロナでも健康食品市場の拡大は止まらない

また、健康食品についても同様です。調査会社の（株）富士経済（東京都）は、健康志向食品の国内市場調査の結果を発表し、２０２０年の市場規模は前年比０・９％増の1兆４９９９億円に上ったと報告しています。

新型コロナウイルスの流行で、免疫機能などを謳《うた》った機能性表示食品が市場をけん引し、21年には2・3％増の1兆５３４２億円へと拡大すると予想（この市場データについては、健康食品を含める範囲によって、８０００億円～1兆８０００億円の幅があります）。市場規模は2桁成長を続けており、1・5兆の大台を超えるまでに拡大しています。

機能性表示食品が業界全体を押し上げたことで、これからさらに市場規模は伸び、最終的には4兆円市場になるというデータも発表されています。

高齢化社会に突入したこともあり、**いつまでも健康でいたいというシニア世代の需**

健康志向食品（補助食品・ドリンク類）市場も拡大中

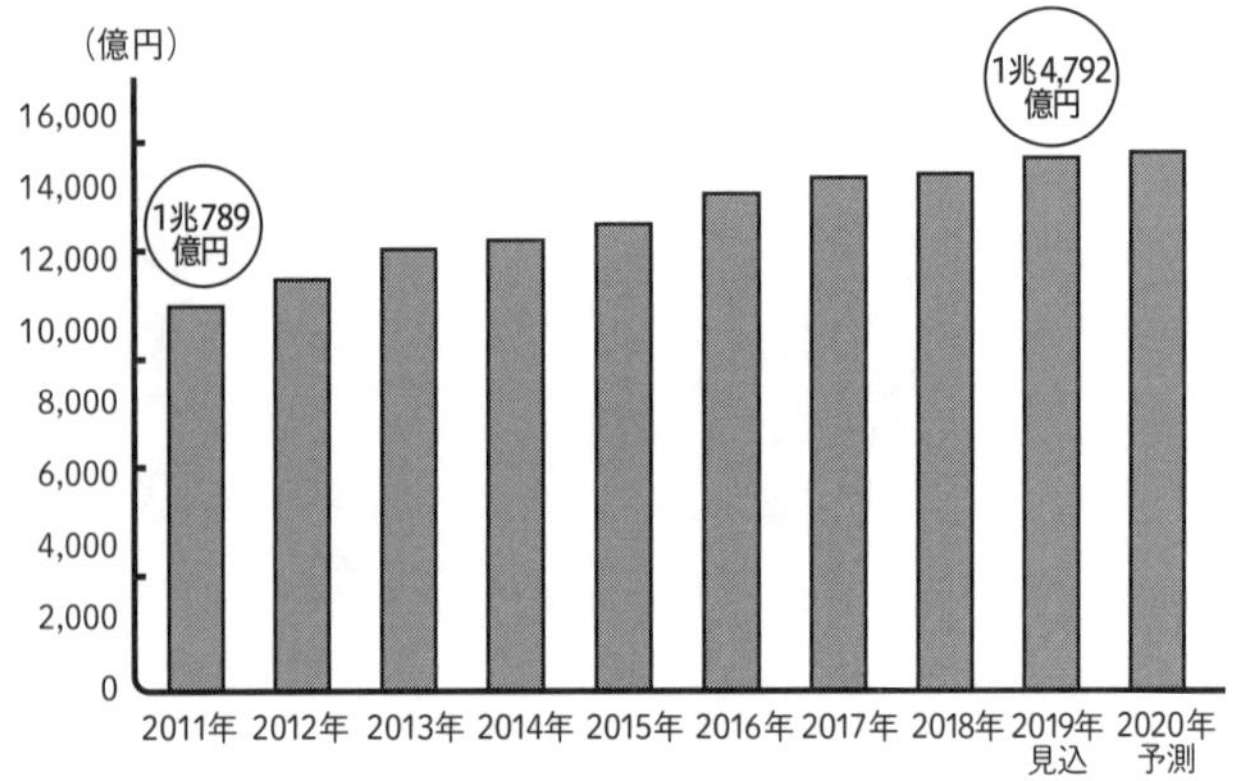

（出典）富士経済「健康志向食品の国内市場調査」を基に作成

要は、今後の市場拡大に大きく寄与します。化粧品業界と同様に、健康商品の市場は今後さらに加速していくことは確かであろうと言えます。

成長性のある市場とは、消費者のニーズが明快で、時流に沿って拡大の見込める業界において生まれます。

そうしたマーケットを選んで商品・サービスを生み出していくことが、成功するビジネスの条件です。私が化粧品・健康商品業界に絞り込んでビジネスを進め、しかも成功を収めてきたのは、こうした理由によります。

【単品リピート通販】ビジネスの特徴

これまで、D2Cビジネスおよび、サブスクビジネスのメリットについて、2つの章の中で説明してきました。

私が最初に10億円を売り上げた「炭酸シャンプー」は、**【D2C（消費者直接販売）】**の手法であり、ユーザーに継続して商品を届ける、**【商品提供型サブスク】**によるビジネモデルで成功したものでした。

この2つの要素の他に、大事なポイントがもう1つあります。

それが、「ただ1つの商品」に絞って勝負する販売手法です。つまり、「単品」を顧客に提供し続ける、**【単品リピートによる通販ビジネス】**であることです。

これは、商品提供型のサブスクモデルの中でも、「同じ商品を毎月届ける」という形態での通販ビジネスです。

この方法の特徴は、1つの商品で大きな売上を狙っていける点にあります。

「1つの商品で大きな売上が上がれば苦労しないよ……」なんて、思う人がいるかもしれません。

ところが、それが十分に可能なのです。その秘密が、この章で説明した「D2C×サブスク」というビジネス手法の中身にあるのですが、その具体的な実践方法は次の章で解説します。

ともかく**【単品リピート通販】**では、1つの商品だけで年商10億円を超えていくような、レベルの高い売上を狙っていくことができます。

【単品リピート通販】ビジネス5つの強み

ではここで、【単品リピート通販】によるビジネスの強みをあらためて整理してみましょう。

特に重要なのは、次の5点です。

①商品管理が容易

商品は1つしかありませんから、別に売上予測を立てたり、在庫管理、発注管理を行なったりする手間が不要です。1つの商品について、在庫切れが起きないように管理すればいいだけです。

②在庫リスクが低い

在庫リスクとは、商品が売れ残ってしまうリスクのことです。1つの商品だけのため、複雑なシミュレーションが不要で、1つの商品の需給を予測するだけで済みます。

そのため、多すぎたり少なすぎたりというトラブルの減少につながります。また、売れない商品の在庫は保管スペースを圧迫することからも、単品だと管理がしやすくなります。

③利益率が高い

本書で紹介する「単品リピート通販」はD2Cが基本ですから、複数の商品展開を前提とするモールECへの出店を必要とせず、そこで取られる手数料が発生しません。また単品であることから、1つの商品を大量に発注することができ、商品原価を抑えることができます。

④売上が安定している

商品を毎月届ける定期便の契約をしてもらうビジネスモデルですから、継続して購入してもらえます。それによって売上のベースが積み上がっていき、安定した収益構造につながります。そして、取引を長く続けてもらうほど信頼度が蓄積され、アップセルなど、新規の売上も伸びていくことが当社の統計でも証明されています。

つまり単品リピート通販では、継続購入の顧客人数が増えれば増えるほど、雪だるまのように売上が積み上がり、ストック収入となっていきます。毎月、新規顧客の獲得が一定数取れていれば、時間の経過ごとに売上がどんどん積み上がっていくわけです。

仮に単品リピート通販モデルで、商品単価が5000円の商品で毎月1000人の新規顧客を獲得でき、1年後に4000人の継続会員が残ったとします。その場合は次のようなストック収入が手に入ります。

4000人×5000円＝2000万円

これは、新規の販売が増えればさらに膨らみます。一方で新規獲得ができなかったとしても、月2000万円の売上が確保されている状況がつくれるわけです。

翌年も同じように続ければ、今度は8000人が会員として残り、月4000万円の売上が確保されている状態をつくることが可能です。

このように、**ストック型の売上が雪だるま式に膨らんでいく**のです。

⑤顧客データを自社で持つことができる

このことは、5つのポイントの中でも最重要の事柄です。

「単品リピート通販」はD2Cが基本であり、モール通販への出店という選択肢がないことはお伝えしました。

先述したように、モール通販では、顧客のデータはモールの所有物です。お客様に自由にメールを送ることもできませんし、モール出店を解約すると、顧客データも同時に失われてしまいます。

顧客データそのものが店舗にとっては資産であり、このきわめて貴重なデータが自社に積み上がっていくことが、【サブスク×D2C×単品リピート通販】の最大のメリットというわけです。

このビジネスモデルであれば、Amazonや楽天、Yahoo!ショッピングなどのモール通販と違い、顧客データを自社で取得し、管理していくことが可能です。

繰り返しますが、顧客データを自社で蓄積し分析することは、通販事業者にとって非常に大切です。

データを自分で持っていれば、新商品の案内やアフターフォローなどが自由にできます。販促についてはもちろんのこと、顧客との信頼関係の強化という点でも強いアドバンテージになるはずです。

以上の5点から、本書のテーマである【サブスク×D2C×単品リピート通販】のモデルが、あなたのビジネスを成功に導くための最強の方法であることがおわかりいただけたのではないでしょうか。

顧客と直接つながり、長期的な関係性を構築しながら、単品による商材で勝負する――。

ビジネスはあまり複雑化せず、シンプルに行なうことで、最もローリスク・ハイリターンな効果を生み出します。それは誰にでも実践できる、ハードルの低い手法でもあります。

では、この【サブスク×D2C×単品リピート通販】のビジネスで成功するための具体的な手法について、次の章から詳しく見ていきましょう。

「単品リピート通販」ビジネス５つの強み

強み①　商品管理が容易

強み②　在庫リスクが低い

強み③　利益率が高い

強み④　売上が安定している

強み⑤　顧客データを自社で持つことができる

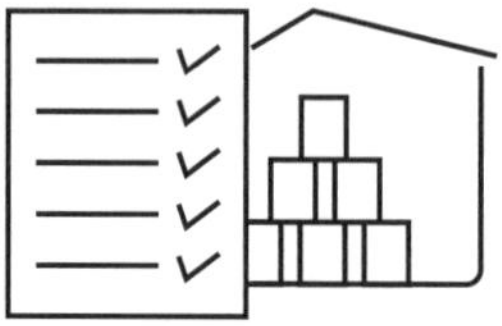

⇩

【D2C×サブスク×単品リピート通販】こそ、
最強のビジネスモデル！

第4章

10億円ビジネスは1つの商品だけでいい

「消費型」商品をたった1つつくればいい

――リピート購入で安定的に売れる3つの理由

サブスクモデルによるD2C販売を考えたとき、相性の良い商品は何でしょうか？

前の章で化粧品や健康食品の例を挙げましたが、その理由は何か？

実はそこに、「単品リピート通販」で成功する秘訣があります。

それは、「毎月、毎日使う消費系の商品」であること。文字どおりリピート購入が期待できる、生活に欠かせないものであり、日々の生活で直面する悩みを解決する商品であることが大きいのです。

これらの商材は、次に挙げる「リピート購入で安定的に売れる3つの理由」をしっかりと備えています。

①「人の一生の悩み」に関連している

健康の問題やアンチエイジングの問題など。悪化や老化を防ぐこと、阻止することから始まり、現状の改善とその結果の維持に一生かかって取り組み続けるため、「一生客」になる可能性があります。

②なくなれば補充が必要になる

一度気に入ってもらえれば、お客様は必然的にリピートしてくれます。

③継続することで効果が現れる

このことをお客様もわかっているため、1回や2回で購入を止めることはせず、長く使ってくれます。

このように、消費財、特に健康や美容の分野はリピート購入と相性が抜群で、安定収入を得る上で失敗しづらいことがおわかりいただけるのではないでしょうか？

実際に通販の分野で大きく成長し、その後も**安定経営を続けているのは、健康や美容ジャンルの「消費型」商品を販売している会社**がほとんどです。

健康ジャンルで例を挙げると、ファンケルやサントリーウエルネス、山田養蜂所、北の達人コーポレーション、ユーグレナなどがあります。

また美容ジャンルでは、富士フイルム、オルビス、再春館製薬、プレミアアンチエイジング（DUO）などの名前を耳にしたことがあるのではないでしょうか？

ビジネスを成功させるコツは、まずはラインナップ化を狙わず、

「単品売り＝その商品だけで勝負」

することです。

お客様にとって、「ある特定の悩み」の解決策は、1つあれば十分です。

その1つは、お客様の生活の中で欠かせないものですから、必ず買ってくれます。

だからこそ、1つの商品で10億円の売上をつくることができるのです。

その人にとって必須なものだからこそ、1つの商品で十分。仮に1万円の商品を毎月定期購入してもらえるモデルだとすれば、1万人のユーザーがいれば年間10億円を超える売上になります。数年で1万人のファンをつくることができれば、10億円ビジネスは完成するのです。

「10億円」と聞くと、「数えきれないほどの商品をつくる必要があるのでは？」とイメージするかもしれませんが、メイン商品は1つだけで、十分に10億円の売上はつく

れます。

1つの商品、つまり単品売りすることで、**在庫管理の手間やコストが大幅にカットできるため、**それも利益に上乗せされます。

「消費型」商品の単品リピート売りは、言うなれば、古くからある醤油や味噌の蔵の稼業と同じもの。1品に想いと丹精を込め、人生100年時代の人々の生活に寄り添うことで、5年、10年、半世紀……と長く愛されるのです。

まずは「商品数」より「買っていただける期間」

美容液や化粧品は市場のパイがきわめて大きいため、ビジネスを始めようとする多くの人は、競合の多さに不安を感じ、とかく何種類も商品をつくってしまいがちです。けれども、そんなものは必要ありません。たった1つ、単品でOK。それでゆうに10億円を目指せます。

たとえば、インターネットのランディングページ（Landing Page：略してLP）を見ても、商品紹介は1つの商品で1個でしょう。その商品が欲しいというときに、

他の商品はかえって邪魔になるだけです。それよりも、ある程度の期間で買ってもらえるようになれば、同じ商品を複数のセットや、3カ月か、6カ月などのセット売りにして割引にするほうが効率も良いのです。

多種類の商品を売っていくのは、顧客との信頼関係が十分に育まれた段階でなければ難しいものです。ですから、まずは**単品1個で「初速」を出したほうがいいし、在庫の管理もそのほうが圧倒的に楽**なのです。

まずは単品で10億円を目標にして、軌道に乗ったあとで、他の種類の商品展開も考えていけばいい。最初はぜひ、1つの商品でシンプルに勝負することを考えましょう。

「サブスク」ニーズが隠れている重要キーワード

あなたが「何かを買いたい」と思うのはどんなときですか？

それを手にすることで悩みが解決できたり、不便さを解消できるなど、「負（不）の問題」の解決が期待できそうなものは、必然的に「欲しい」と思うのではないでしょうか。

その多くが、健康やアンチエイジングの問題です。

自分が健康になる、若々しくなる、元気に老後を過ごせる、健康寿命が延びる……。20代や30代の方はともかくとして、特に40代以降の男女をターゲットにするなら、そうしたメリットにつながるものは市場性が高いと考えられます。

つまり、**「心配なこと」**や**「面倒なこと」「不便さ」**を解決することを目的とした商品をサブスクにすると、課金へのハードルがグッと下がります。

普段の生活を便利かつ快適にできるものであれば、長く使いたいというニーズが自然と高まりますから、継続的に購入したいという欲望はおのずと高まります。

サブスクビジネスを考えるときは、まずは日々の暮らしの中での**「困りごと」**や**「悩みごと」**にフォーカスすることが重要です。

たとえばYahoo!の知恵袋などには、「○○に困っているのですが……」「○○に悩んでいて……」といった意見や質問が上がってきます。それをビジネス着眼の取っ掛かりにしてもいいでしょう。

そうやって普段感じている不便なこと、困っていることや悩みをリスト化しておくのもアイデア着想法の1つです。「それをサブスクにできないか？」という視点で考えていくことは、新しいビジネスを生み出すためのヒントになります。

たとえば、私が「炭酸シャンプー」を開発したのは、「抜け毛」が気になる女性の悩みや問題を解決してあげたいと考えたのが最初でした。

女性の髪の悩みで最も深刻なのが、この抜け毛に対する悩みでした。髪質やツヤなどは、自分に合ったヘアケア商品に出合えれば、ある程度解決します。しかし、抜け毛だけはどうにもなりません。

私が開発したシャンプーは、きめの細かな炭酸で洗浄するため、「毛穴の汚れが浮いてくる」とユーザーが絶賛してくれました。毛穴の詰まりが取れ、地肌の頭皮環境が健康になったと絶賛されたのです。

◎当時、抜け毛を頭皮環境から解決する商品が市場に出回っていなかったこと。
◎必要な人に確実に届けるシステムとして、ちょうど「サブスクブームの時代」が訪れていたこと。

この2つが、「炭酸シャンプー」ヒットの要因だったと考えています。

このように、消費者の悩み解決の商品は、いつの時代でも大成功する可能性が高いのです。

あなたの会社でも100%ヒットする商品がつくれる

——売れる商品コンセプトのつくり方

私の会社は、２０１８年にサブスクリプションを使ったD２Cの業界に参入しました。以来、スキンケアやヘアケア、サプリ、化粧水などの複数のブランドを立ち上げ、それぞれ**【単品リピート販売】**を行なっています。

いずれのブランドも好調で、毎月５０００人以上の新規の顧客を獲得。社員数名で、販売わずか3年の間に、実に累計50億円以上の売上を上げることができています。

手前味噌の話で恐縮ですが、私の場合、いわゆる「一発屋」のような、「偶然、１つの商品が当たってラッキー！」といった形で成果を得たものではありません。いずれも化粧品や健康商品という共通項はありますが、そのどれもが継続して好調な売上を獲得し、ビジネスとしての成功を収めています。

「新商品を10個つくったうち、1個当たればいい」と言われるEC業界で、なぜ当社はつくった商品を百発百中で当てることができたのか？

それは決して、偶然の為せる業ではありません。

自身で学び、経験して培ってきた成功法則と必勝のセオリーをしっかりと守りながら、それぞれの商品を市場に投入していったからです。

本書の冒頭から「先の読めるビジネス」の必要性を説いてきましたが、場当たり的な思いつきや、「絶対に売ってやろう」と結果だけを先に考えてつくり出した商品では、決してこうした結果は得られません。**売れるべくして売れる、「こうすればきっと売れる」という先読みの中で生み出した商品**だからこそ、得られる成果なのです。

その秘訣や必要なコンセプトについて、これから特別に公開したいと思いますので、ぜひあなたのビジネスに活かしてみてください。

難しく考えることはありません。ちょっとした発想の転換をしていけば、売れる商品をあなたもきっとつくることができます。

「売れる商品」と「売れない商品」の違い――「商品設計」が９割

では、ここで１つ質問です。

世の中には、なぜ売れる商品と売れない商品があると思いますか？

◎商品の知名度がないから……

◎ＰＲがうまくできていないから……

◎販売方法がわからないから……

などが思いつくかもしれませんが、残念ながら違います。

「せっかく商品をつくっても売れない」

「市場からの反響がほとんどない」

その原因は、販売戦略ばかりを考えていて、一番肝心な**「商品設計」**をしっかりやっていないからです。

D2Cビジネス成功のカギは、9割が「商品設計」で決まっていると言っても過言ではありません。

逆に言えば、商品設計さえきちんとやっていけば、売ることは簡単です。それどころか、勝手に商品が売れてくれます。そうやって売れていく仕組みがしっかりとあるからです（これは第5章で説明します）。

では、どうしたら売れる商品を設計できるのでしょうか？

先ほど、「難しく考えることはありません」と書きましたが、その基本コンセプトは簡単です。でも、簡単であるがゆえに、絶対に守ってほしいポイントでもあります。

売れる商品をつくるためには、必ず押さえておきたいポイントが3つあるのです。

この3つのポイントさえ意識して商品開発を進めていけば、「まったく売れない……」という状況に陥る心配は、よほどのことがない限りありません。

それどころか、**「商品が勝手に売れていく」**という、信じられないようなうれしい仕組みをつくることもできてしまいます。

まさにそこが、あなたの目指している場所ですよね。

では、まずはその3つのポイントについて、それぞれ見ていきましょう。

商品設計を考えるとき、絶対に押さえるべき3つのポイント

アメリカの著名なベンチャーキャピタリストであるポール・グレアムは、こんなことを言っています。

「人が欲しいと思うものをつくろう」

これはマーケティングの原点であり、幾多の起業家や経営者が金言にしている言葉です。

この言葉を踏まえた上で、特に私が本書で紹介する【サブスク×D2C×単品リピート通販】の商品設計で押さえるべきポイントと考えるのが、次の3つです。

くどいようですが、私自身のこれまでの通販ビジネスで、この3つの要素は絶対に遵守《じゅんしゅ》し、だからこそ、それぞれの商品で確かな売上を獲得してきました。つまり、机上の空論や希望的観測などでなく、リアルな実証例を基に挙げるポイントです。

【ポイント1】「不（負）の感情」が強くある人をターゲットにする

1つ目のポイントは、「不（負）の感情」が強くある人をターゲットにした商品にすることです。

不（負）の感情とは、不安や不満、不便さや不幸……、つまりは満たされないマイナスの感情です。

人の悩みの多くは、こうした「不（負）の感情」を伴うことでストレスとして蓄積されていきます。同時に、それをなくしたいという気持ちが表れます。

つまりは、

「解決したい」

↓

「解決するにはどうしたらいいか」

↓

「解決するための具体的な手段がほしい」

という感情の推移が湧き起こります。これが購買意欲につながるのです。

人がモノを買う動機を大きく分けると、次の２つです。


「自分の悩みを解決してくれるもの」

「自分の生活を豊か（便利）にしてくれるもの」


なかでも、前者の「悩みを解決してくれるもの」のほうが緊急度も高く、そのため、より購買意欲が高いと言われています。

当社を例にとってみると、そうした「不（負）の感情の解決型」として、「くせ毛」や「薄毛」「年齢肌（スキンケア）」の悩みに着目した商品を扱っています。

そして、この悩みが深ければ深いほど、つまりは「不（負）の感情」が大きければ大きいほど購買意欲は高くなり、爆発的に売れていく商品になります。

もちろん生活を豊かにする便利なものも世の中には必要で、ヒットを生み出すこともできますが、悩み解決の商品と比べると緊急性が高くありません。しかも高いクリエイティビティが求められ、より潜在的なニーズをつかまなければならないという難しさがあります。

それよりも、不安や不満、不便という顕在化した課題にアプローチしていく商品設計のほうが、ビジネスとしての難易度ははるかに低いのです。

【ポイント2】納得感

2つ目は、**「納得感」**です。ポイント1の「不（負）の感情」の解決に紐づくものですが、つまりは「なるほど、この商品なら自分の悩みを解決できるかも！」と思ってもらえるような商品であることです。

お客様が商品を買うのは、自分が抱えている問題（悩み）を解決したいからだと述べました。

ですから、どうしてあなたの商品を買い、使うことで悩みを解決できるのか。

「なるほど、そういうことか」と納得できる理由を、きわめてわかりやすく訴求してあげる必要があります。

その納得感を出すためには、悩みの原因を深掘りし、その原因をピンポイントで解消できるような商品設計にすることが大事です。

私のつくった商品は、その点が明快です。

◎抜け毛の悩み
↓商品「炭酸シャンプー」
↓理由「炭酸の泡で毛穴の汚れを洗浄する新技術」

◎肌荒れの悩み
↓商品「肌に潤いを与える成分配合」の美容液
↓理由「新成分で肌に潤いを与える」

◎シミやシワの悩み
↓商品「医薬部外品と臨床実験」済みの商品
↓理由「年代別のエイジングケア提案」

「この商品であれば、自分の悩みを解決できるかも」と直感的に納得できるような商品づくりを心掛けることが大切です。

【ポイント3】商品の新規性（目新しさ）

最後は、**商品の「新規性（目新しさ）」**です。

人の悩みは、特別な状況でない限り、普遍的なものであることが多々あります。

これまで多くの人が、同じような悩みに直面してきているわけで、自分だけに突如生じる体の悩みというのはなかなかありません。つまり、その悩みを改善するためのサービスや商品は、すでに数多く存在してきたわけです。

シミやシワの悩みをとってみてもそうですよね。

世の中には、すでにたくさんの種類のエイジングケア化粧品があります。

いわゆる競合品がいくつも世の中に出回る中で、あなたの商品を選んでもらうためにはどうすればいいか？

そこで必要なのが、商品の〝新規性〟です。

でも、すでにエイジングケアの化粧品は世の中の市場に数多く出回っているわけで、新しいものはなかなか生まれないでしょう。けれども、やっぱり商品には新規性が必要なのです。

ここでいう〝新規性〟とは、つまりは**「差別化」**のことです。

ライバル商品でなく、あなたの商品を買ってもらうための、他とは違う理由のこと。それを上手に設定することで、同じ分野の商品に〝新規性〟を生み出すことができるのです。

「差別化」のヒントが得られる質問

「え？　そんなの当たり前でしょ。同じ商品をつくっても仕方ないわけだし、そもそも差別化と簡単に言うけど、それが難しいんじゃないの？」

そんなふうに思う人もいるかもしれません。

でも、実はそれほど難しいことではありません。

世の中になかったまったく新しいものを生み出すなんていうのは、発明でもしない限り無理なことです。そんなハードルの高い話をするのではありません。

そうではなく、売れているジャンル（市場）に絞って、これまでに出ていない「ちょっと違う切り口のもの」を考えてみることです。

そのジャンルには、すでに購買固定層がいてくれますから、そこで違う切り口のものを訴求することで、より確度の高いアプローチが可能になります。まったく新しいものをつくるのではなく、少し切り口を変えて、違うものをつくる。ターゲットは変えずに、商品に目新しい差別化要素を少し加えるだけでいいのです。

「あなたの商品の、ライバル商品よりも優れている部分はどこですか？」

商品を設計するときは、必ずこの質問にしっかりと答えられるような差別化要素＝〝新規性〟をつくりましょう。

ただし、それをつくる上で注意してほしいことが、1つあります。

それは、ただ単に目新しさを出せばいいわけではないことです。差別化を図ると言っても、その要素や中身が「世の中に求められているものかどうか」が最も重要なポイントとなります。

「サブスクD2C」の
すごい売り方

読者の方に無料
特別プレゼント

「単品リピート通販ビジネス」
売れる商品コンセプト事例集

（動画ファイル）

著者・新井　亨さんより

本書でお伝えした「サブスク　×D2C×　単品リピート通販」ビジネスでの重要エッセンスの１つ「売れる商品コンセプト」に関連して、成功事例を解説した動画を無料プレゼントとしてご用意しました。ぜひダウンロードして本書と併せてご活用ください。

特別プレゼントはこちらから無料ダウンロードできます↓

http://frstp.jp/araitoru

※特別プレゼントはWeb上で公開するものであり、小冊子・DVDなどをお送りするものではありません。

※上記無料プレゼントのご提供は予告なく終了となる場合がございます。あらかじめご了承ください。

いくらライバル商品と差別化したところで、市場から求められているものでなければ何にもなりません。単に他の商品と違うもの、ただの異端で終わるものでは、〝新規性〟とは呼べません。

そのため、〝新規性〟をつくるときには、ターゲットとなる人が「どんなものを欲しいと思っているのか」を徹底的に調べる必要があります。その上で、他の商品とは「違う要素」を込めていくのです。

商品設計で押さえておくべき3つのポイントについて、今一度整理します。

◎ポイント1：「不」の感情が強くある人をターゲットにする
◎ポイント2：納得感
◎ポイント3：商品の新規性（目新しさ）

世の中に通販の商品は星の数ほどありますが、意外とこの3つをすべて満たした商品は多くありません。

冒頭でもお伝えしましたが、「商品設計」こそ、D2Cビジネスで成功するための最初のカギであり、きわめて大事な要素となります。

次の項では、この3つのポイントを基に、当社がどのように商品をつくったのかを紹介します。実際に売れている商品をどうつくったのかという具体的なエビデンスですから、ぜひ参考にしてみてください。

レッドオーシャンのほうがむしろ成功できる

当社で発売した、あるエイジングケア美容液の商品設計についてお話ししましょう。

この美容液は、アンチエイジングにおけるインターネット調査（日本マーケティングリサーチ機構、2019年10月実施）で「シミ・シワ対策に使いたい美容液 人気No．1」「エイジング美容液 口コミ評価No．1」「エイジングケア美容液 人気ランキングNo．1」の〝3冠〟に選ばれました。

私の会社を代表する人気ブランドに成長した商品ですが、同美容液の商品設計に関する話の前に、まずはスキンケアの市場性についてお話しします。

「スキンケア」というジャンルは言うまでもなく、資生堂・花王・コーセーといった日本を代表する強豪がひしめくレッドオーシャンです。その市場規模は、1兆2740億円にも上ります（(株) 矢野経済研究所・化粧品市場に関する調査より、2020年）。

市場規模が大きく、たとえば女性の悩みを連想したら、すぐに「肌トラブル」が思い浮かぶ人も多いでしょう。そのため、新規で参入するメーカーもあとを絶たず、スキンケアの市場は、化粧品業界全体の47％を占めるほど。まさに超がつくレッドオーシャンです。

強豪ひしめく超レッドオーシャンの市場だけに、スキンケア商品をリリースし、成功している企業は1割以下とも言われます。残りの実に9割の企業が、商品を市場に送り出したもののまったく売れず、1年以内に撤退しているのが実情です。

ではなぜ、そんな苛烈な市場であり、商品ジャンルを私は選んだのでしょうか？

それは、**レッドオーシャンも、戦い方によればブルーオーシャンへ変えることができる**からです。

多くの企業は、「なんとなく市場規模が大きいから」「悩みを持つ人が多いのだから、商品をつくればきっと売れるだろう」などの安易な考えで参入してしまいます。

そのため何の特徴もない、先の3つのポイントを押さえていない商品をつくってしまい、まったく売れずに撤退……という悲惨な結果になってしまうのです。

スキンケア市場は確かにレッドオーシャンです。

けれども、実は細かく市場を見てみると、意外とまだまだお客様のニーズに応えられていない部分があることがわかります。

そこで、私がターゲットにしたのは、**「これまで多くのスキンケア商品を使ってきたけれど、納得のいく効果が得られなかった」という人**たちでした。

そうしたユーザーは、スキンケアの市場で商品を購入していながら、まだ悩みが解消されていない人たちです。つまり、レッドオーシャンの市場にユーザーとして参画しながらも、いまだ消費者として完結していない人たち。既存の商品に満足せず、新たな商品購入の余地のある見込み客であり、いわばレッドオーシャンの中のブルーな色をした人たちなのです。

そこに、ビジネスチャンスがあります。市場規模の巨大さゆえに、その数は決して少なくありません。レッドオーシャンの中にあって、悩みを解決できていない人たち。それをターゲットに、「今度は私たちの商品で悩みを解決しませんか？」と提案したわけです。

このときに大事になってくるのが、

「これまでの商品で解決できなかったのに、どうしてあなたの商品だと悩みが解決できるの？」

という疑問への回答です。

これが、あなたの商品が持つべき「新規性」であり、従来の商品とは違う「差別化」要素です。

この部分について、消費者を納得させられる商品訴求を考えることで、「なるほど！それなら悩みを解決できるかも！」という期待の中で商品を買ってもらうことができます。

勘のいい読者の方なら、もうお気づきでしょう。「不」の感情が強くある人をターゲットに、納得感と新規性（差別化）を備えた商品。先の「3つのポイント」を明確に備えた商品設計が叶うわけです。

商品としての信頼感が増せば、単品で勝負できる

商品が持つべき「新規性」であり、従来の商品とは違う差別化要素。「なぜ、この商品だと悩みが解決できるのか」——。

その答えとして私たちが目をつけたのが、「羊膜エキス」という素材でした。これを、エイジングケア美容液のメイン成分として位置づけたのです。

「羊膜エキス」には、プラセンタの約100倍もの成長因子が含まれており、さらにハーバード大学で発見された世界初の若返り因子「GDF－11」が含まれています。「GDF－11」は幹細胞（細胞の元となる細胞）や、コラーゲン、エラスチンなどの増殖を促し、皮膚の再生やエイジングケアが期待できるとされています（原料メーカーより）。

この成分をメインで使うことによって、必須の3つのポイントをクリアすることが

できました。さらに、話題性のあった「ヒト幹細胞」と「プラセンタエキス」という美容に良いとされる成分を掛け合わせることで、独自手法としてリリースしたのです。
「羊膜エキス」×「ヒト幹細胞」×「プラセンタエキス」を掛け合わせ、さらに抗シワの臨床実験を行ない、合格後に医学雑誌に論文も掲載して権威性を出しました。

この商品を商品設計の絶対押さえておくべき3つのポイントに落とし込むと、次のようになります。

【ポイント1】「不」の感情が強くある人をターゲットにする
「今まで多くのスキンケア商品を使ってきたけれど、納得のいく効果が得られなかった人」を新たにターゲットにしました。

【ポイント2】納得感
「羊膜エキス」は、従来肌に良いとされてきたプラセンタの約100倍の成長因子という、美しい肌づくりに必要不可欠な成分を保有。さらにハーバード大学の研究で新たに発見された「若返り因子（ＧＤＦ－11）」というエイジングケア成分を含んでいます。

もうこれを聞いただけで「何だかスゴそう、これならお肌の悩みを解決できるかも！」と思いませんか？

こうした権威性のある成分が入っていると、商品としての信頼感が増し、単品でも勝負できるものになりやすいわけです。

つまり、納得感とは、権威ある大学などが発表している論文や研究成果を使っていくこと。なかでも、成分についての権威性が特に大事です。

もちろん、こうした成分を自分で入手しようとすると、多くのコストと時間がかかりますし、またそんなことをする必要もありません。成分に基づく原材料は、商品の製造を任せるＯＥＭの会社が提供してくれますので、あなたは何を選ぶかだけを考えればいいのです（インターネットで探すだけでなく、業者が集まるイベントに出かけて、気の合うＯＥＭ業者から見積もりをもらうなども有効です）。

ＯＥＭとは、「Original Equipment Manufacturing」の略で、直訳すると「相手

先（委託者）ブランド名製造」。工場設備を持つ会社が、他社ブランド製品の製造を請け負う方法で、アパレルや化粧品、家電などの分野で広く普及しています。

【ポイント3】商品の新規性（目新しさ）

当時、「羊膜エキス」を配合した美容液がなかったことから、商品の新規性＝目新しさを演出することができました。

ここまで読むと、「羊膜エキスのようなスゴい素材をどうやって見つければいいの？専門知識やコネがないと難しそう……」と思われるかもしれませんが、そんなことはまったくありません。

私自身、スキンケアブランドを立ち上げたのは通販業界に参入してすぐでしたから、業界のコネや専門知識などほとんどありませんでした。羊膜エキスは、商品開発をする過程で、何社かの成分提供会社と商談をしていく中で見つけた素材です。

こちらがどのような素材を求めているのかを業者にしっかりと伝えることができれば、あとはその道のプロが、求める素材に近いものを見つけて提案してくれます。

ですから、あなたはその業者に、先に紹介した「３つのポイントを満たすような良い成分を探してください！」と伝えるだけでOKなのです。

もちろん、自分の目でいろいろな素材を見たいというのであれば、企業向けの新素材の展示会などが各地で頻繁に開催されていますから、参加してみるのもいいでしょう。


どうですか？　売れる商品を設計していくイメージは湧きましたか？

繰り返しますが、あなたにまず必要なのは、３つのポイントを満たす商品設計についてのコンセプトを明確にすることです。そこから、あなたがつくりたいと思う商品の開発をぜひ進めていってください。

商品の製造は、良いOEMパートナー探しから始まる

商品の設計、つまり、どのような商品にするかを決めたら、「その商品を実際につくる」という作業に入ります。

これは、具体的な製造技術や設備、ノウハウを持たないあなたにとっては、どこから手をつければいいのか、なかなかイメージできないでしょう。

でも、それで正解です。あなたは、「どこにも手をつける必要はない」のです。

実は厳密に言えば、**「どのような商品にするか？」を決める過程で、先にも触れた「OEMメーカー」などに、製造についての相談は持ちかけている**のが普通です。

こうした会社に、成分や素材の提供をはじめ、実際の商品製造も任せてしまうのです。

言うまでもなく、どこかの会社や、ましてや個人が何かの商品をつくりたいと考えても、工場や製造設備などを自分のところに持っていないことはよくあります。

だからといって、「自分ではモノづくりができない」というわけではなく、**製造部分だけを設備とノウハウを持っている会社に委託して、アウトソースすればいい**のです。

OEMを請け負う会社は、まさに製造のプロですから、どのようなものをつくりたいのかという商品設計を伝えれば、それを形にしていくためのさまざまな知恵を貸してくれます。

また、新しい商品をつくるというイメージだけで見ると、さぞかしコストも相当かかるのでは……と考えてしまいがちかもしれません。

けれどもOEMはもともと、人件費や製造設備費、生産にかかわるあらゆるコストを削減することで、他社から製造業務を請け負う手法です。化粧品などもともと製造原価が高くないものをつくろうという話ですから、1つの商品のプロトタイプを完成させるのに、おそらくあなたが想像しているような大きなコストは必要ないと言えるでしょう。

もちろん、**OEM会社は一緒に商品をつくり上げる大事なパートナー**となるわけですから、どこに任せるかについては慎重な検討をすべきなのは言うまでもありません。化粧品に強いOEM会社や、健康商品を得意とする会社など、それぞれ得意分野を持つケースがありますから、過去の製造実績などを勘案しながら、自分が考える商品づくりを委ねましょう。

価格の設定をはじめ、さまざまな的確なアドバイスやサポートをしてくれる良きパートナーと巡り合うことができれば、今後の商品開発の可能性もグッと広がります。

それが、あなたのビジネスを成功に近づける、大切な要因の1つにもなっていくわけです。

8カ月目で、月1億円を達成

3つのポイントを満たす商品設計で売り出した1つの商品で、実際に私は販売開始から8カ月で月1億円の売上を達成しました。販売開始から1年で10億円、以後、2年目に12億円、3年目には15億円と、おかげさまで順調な伸びを見せています。

たった1つの商品でいきなり10億円というと、ハードルが高そうに感じるかもしれませんが、それほど難しい数字ではありません。

たとえば、化粧品や健康食品で5000円から1万円の価格設定ができて、毎月購入してくれるファンが1万人から2万人いれば、1年間で簡単に達成できてしまう数字なのです。

サブスクビジネスであるため、たとえば1日100人のクライアントを獲得していくことができれば、ひと月に3000人が積み上がっていきます。毎月使う消費財ですから、ストックのベースに対して次の売上がどんどんONされていくわけです。

ストックの部分には新規の営業コストはかかっていませんから、おのずと利益も伸びていき、基盤もどんどん安定します。そうやって次月の売上が読めるのもサブスクモデルの強みであり、これを1年間、同じペースで新規のファン＝クライアントが獲得できていけば、10億円は自然と達成できるのです。

このように、ストックビジネスは爆発的な初速を期待するのではなく、**一人ひとりの顧客と長く取引を続けていくことで、収益の獲得を目指すもの**です。安定した継続性が重要であるからこそ、先述した3つのポイントを満たす商品設計が必要なのであり、D2Cの手法で顧客を商品のファンに育てていくことが求められるビジネスモデルなのです。


紹介した美容液には、GDF－11やEGFというハーバード大学から論文が出されているようなエイジングケア成分が入っていると書きました。確かなエビデンスに基づく権威性がユーザーにとっての納得感にもつながるわけですが、「そんな成分を含む商品なら原価がかなり高くなるのでは？」と考えがちかもしれません。

けれども、ご心配には及びません。細かな金額の記載は避けますが、きちんと利益の出る商品設計が可能であり、売上の増加に伴うワクワク感は、きっとあなたの想像を超えるものだろうと思います。

またストックビジネスで毎月ユーザーが積み上がるとはいえ、もちろん解約するお客様も中にはおられますから、新規の数がそのまま純増になっていくとは限りません。けれども、**既存の7〜8割の顧客が毎月残っていけば、先述した1商品で年10億円の売上は十分可能**です。

一般的に「7〜8割」というストックビジネスはそれほど高いハードル設定ではなく、私が手がけたどの商品も、およそ1年以内には毎月1億円が売り上がるストックが達成できています。月に1億円の売上ベースをつくるのは、決してハードルの高い目標ではありません。

当社のウソのようで本当の売り上げ推移グラフ

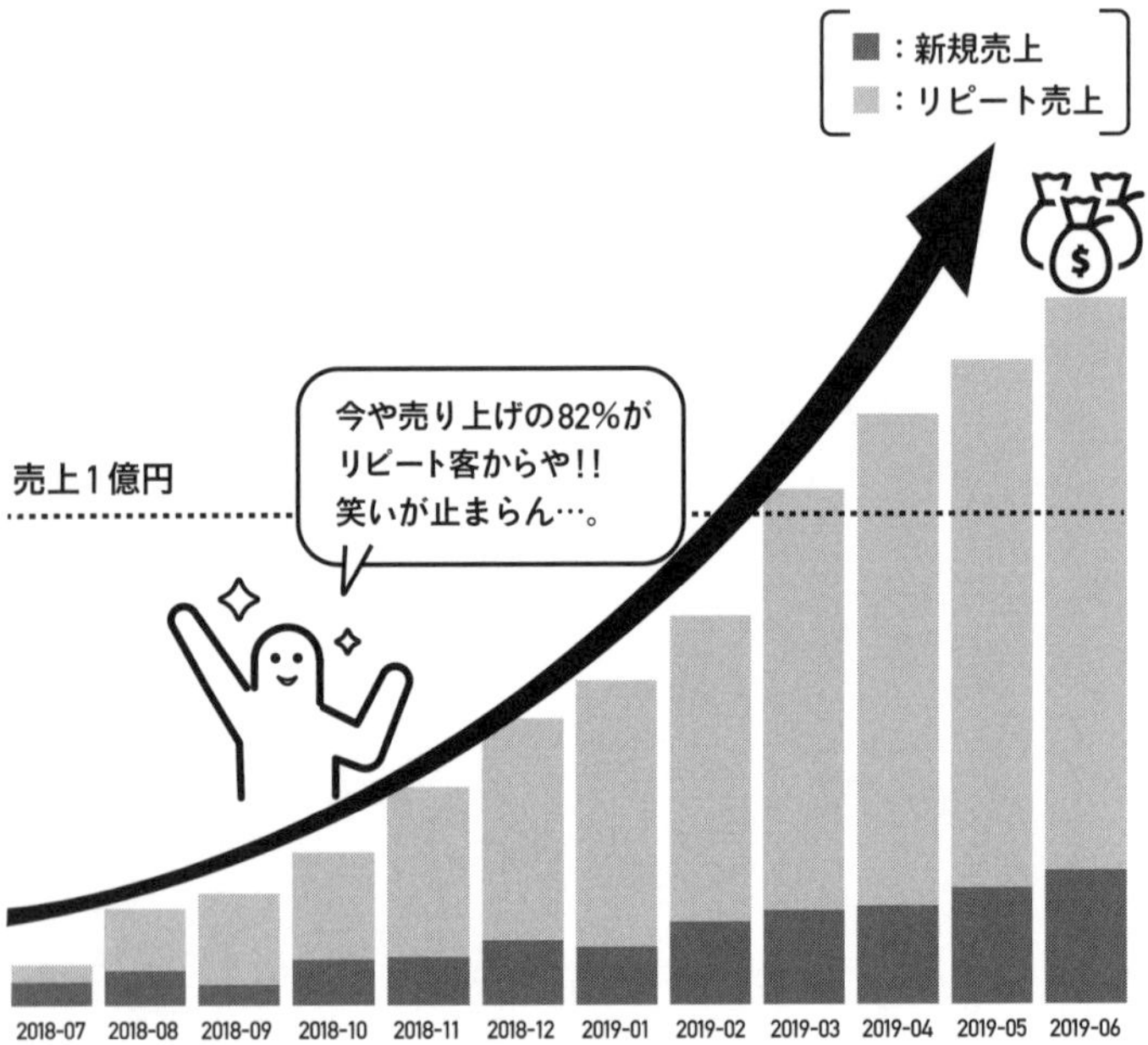

なぜ、それほどまでに売れていくのか？

「ずいぶん簡単に書いてくれるけど、ホントにそんなに売れるの？」

「とてもそんな売上はイメージできない……」

などと、ネガティブに感じてしまう人がいるかもしれません。

でも、事実なのだから仕方ありません。実際に、それほどまでに売れていくのです。

いったいなぜでしょうか？

もちろん、先の3つのポイントに集約される**「売れる商品設計」**を実現しているのが理由の1つですが、それだけではありません。

いくら良い商品をつくっても、それを必要とする人の目に触れていかなければ意味がないのはご承知のとおりです。

たとえば、濡れた髪が瞬時に乾く優れたドライヤーを開発しても、丸刈りのお坊さんばかりがいるお寺に売りに行ったのでは、売れるはずもありません。

「人が欲しいものをつくれ」という鉄則を守っても、それを求める人のところに届けなければ、売上はつくれません。

仮に、釣り堀や池で釣りをするとき、いかに魚がたくさんいる場所に釣り糸を垂らすことができるか。それが、売れるかどうかのきわめて重要な分かれ目になります。

売れている商品があふれる市場にこそ、私はビジネスチャンスがあると思っています。

つまり、レッドオーシャンの中で勝負しつつも、他の商品とは切り口を変えることで、売上のパイを取っていく。すでに豊かなニーズがあり、活況な市場の中の少しのパイを取るだけで成功できるのが、このビジネスです。

その大きな池には、さまざまな種類の魚が無数に泳いでいます。今まで食べていたエサに飽きていたり、おいしいと感じていない魚たちに、ちょっと風味を変えたエサを投げ入れてみましょう。投げ入れる場所さえ間違わなければ、魚たちはすぐに集まってくれて、喜んで食べてくれるに違いありません。

池や魚にたとえるのはいささか恐縮ですが、つまりは、そういうことなのです。

マーケティング力は、どのレベルで必要か？

私たちの生活市場の中で、こうしたマーケティングによるアプローチを行なうのは、今やそれほど難しいことではありません。ビッグデータを活かしたECサイトにおいて、レコメンドやリターゲティングによって、ユーザーの嗜好に合わせて商品訴求が自動的に最適化されていきます。

現在のWebマーケティングでは、こうした分析ツールが格段に進歩していて、池の中で魚が集まる場所を把握できる確度が本当に高まっています。ユーザー個々のネット上の行動様式を分析し、確度の高い人のところにリーチできるようになっています。

たとえば、スマートフォンの**「ヒートマップ解析」**という言葉を聞いたことがある方も多いでしょう。これは、スマートフォンのユーザー行動を可視化する仕組みで、ランディングページ（LP）やコンテンツにおいて、ユーザーが「どこを熟読しているのか？」「どこで離脱しているのか？」を細かく分析できるものです。**普段のユー**

ザーの行動解析が、驚くほど手軽にできるようになっているのです。

こうした要素が、あなたの商品を「欲しい」と思う人を見つけ、必要とする人に確実にリーチして、売上につなげていくための仕組みや方法になっていきます。

「なぜ、それほどまでに売れていくのか？」

その問いの重要な答えの1つが、そこにあります。

その「売り方」を実現するために、なにもWebマーケティングやIoT、ECサイトなどの仕組みをあなたが熟知している必要はありません。ITやデジタルに疎い人でも、尻込みすることなどまったくありません。

何度も言いますが、私はこのビジネスを、ほとんど素人の文系人間でありながらたった1人で始め、わずか8カ月で月商1億円を超え、販売開始から1年で年商10億円を達成したのです。

では次の章で、私自身が経験してきた、成功する商品の「売り方」について詳しく解説していきましょう。

第5章

顧客データを持っている会社が最強——成功する商品の売り方

消費者心理とネット購入メリットを今一度、確認する

商品を売っていくためのマーケティング戦略を考えていく上で、最も重要なのは「誰に売るか」「どう売るか」という問題です。

普通、人が何かの商品を買うとき、次のような心の動きがあると考えます。

①ニーズやウォンツ（課題や欲求）が生じる

↓

②商品を認知する

↓

③他の商品と比較検討する

↓

④購入するかどうかの判断をする

⑤実際に購入する

このうち、時には①と②の順番が変わったり、③の段階を経ることなく購入につながることもあります。

特に本書ですすめる【サブスク×D2C×単品リピート通販】の販売手法は、③の過程をできるだけ取り除くことを可能にするビジネスモデルだと言えます。

そして、売上をつくるために必要な、「誰に売るか」「どう売るか」を満たしていく前提としては、①と②のプロセスを確実に実行していかなければなりません。

そのために不可欠なのが、現在のＷｅｂマーケティングの手法です。

Ｄ２Ｃ×サブスクの販売手法が、昨今のＤＸを最大限に活用したものであることはすでに説明しました。

その中で、消費者側が欲しいものをインターネットで買うことのメリットは、果たしてどこにあるのでしょうか？

①ネットで買うほうが安い（比較できる）
②悩みを解決してくれる（アンチエイジング・時間短縮）
③便利である（ツールなど）

大半がこの3つに当てはまるのではないかと思います。

ビッグセールスは、良いASP業者を選ぶことから始まる

こうした背景を踏まえ、商品をリリースしようと考えたとき、あなたは「世の中ではしきりに『DX』とか言うし、売るためにはネットやSNSを使ったいろんなプロモーションをしないといけないのだろうな……」などと考えてしまいませんか？ブログを書かなきゃ。インスタにアップを。Twitterやメルマガの発信も。コンテンツマーケティングも考えていかなくちゃ……などなど。

もちろん、それらを適宜行なっていくに越したことはありませんが、でも最初から

そうやっていろんなことをあれこれやろうとすると、往々にしてうまくいきません。

たとえば、私が当初から行なったセールスプロモーションと言えるものは、本質を理解した上でつくるLP作成1つだけです。

もちろん、そこに広告をかけていくわけですが、**自分で用意するものとしてはLP1個だけ**。しかもそのLPも、自分でつくる必要はありません。

集客の主な施策となるWeb広告は、あなたが考えていくべき領域ではありません。

そう、「誰に、どう売るか」というプロモーションは、専門的なノウハウを持つ広告代理店に任せてしまえばいいのです。

どんな広告で、どのように売るか。そこからすべて外注化してしまいます。

広告のコストについても心配は無用です。

広告はアフィリエイトという完全成果報酬制ですから、簡単に言えば、売れた分だけ代理店に対価を支払えばいい。基本的に1個も売れなければ広告費もゼロですから、あなたのリスクはありません。

LPはもちろん、Facebook や Instagram で売ろうが、Twitter で売ろうが何でもOK。あくまでも売れたものに対しての対価ですから、「どんな広告で売るか」からすべて外注化すればいいのです。

商品をつくったあなたが市場に出す際にやることは、**商品名（ブランド名）の商標登録を取り、商品を紹介するためのLPをつくる**ことだけ。

つくるというのは、どのような中身のものをつくるかはプロに任せるわけで、制作のためのイニシャルコストが生じるという意味に過ぎません。

Ｗｅｂマーケティングの実際の戦略やＬＰの制作、媒体の選択などもエージェンシー（広告代理店）が決めてくれます。

私自身、もちろん自分なりに勉強はしていきましたが、Ｗｅｂマーケティングについて専門的なノウハウを有していたわけではまったくありません。パートナーとなってくれた広告代理店に預けることで、商品に見合った戦略を構築してくれ、満足のいく成果を上げてきたのです。

「売り方」は、ASP業者に任せてしまう

商品のリリースに際して、Ｗｅｂマーケティングを任せるパートナーを広告代理店

と書きましたが、正確にはＡＳＰ（Affiliate Service Provider：アフィリエイトサービスプロバイダ）と呼ばれる人たちです。

つまり、アフィリエイト広告の仕組みを提供する事業者のことであり、商品の売上をつくっていく上で、非常に重要な役割を担ってくれる存在です。

そのため、**ＡＳＰ業者はあなたの大切なパートナー**であり、どの業者を選ぶかはとても大事です。掲載できる広告商材や報酬の体系など、それぞれのサービスによって異なりますので、自分が使いやすいＡＳＰパートナーをじっくり選ぶ必要があります。

私がおすすめするＡＳＰ業者

本書でおすすめし、サンプルとして紹介している商材は化粧品や健康商品です。この業界はレッドオーシャンの規模の大きな市場ですから、大手のＡＳＰがほぼ間違いなく得意にしています。その意味でも、プロモーションのノウハウに長けている大手のＡＳＰを選ぶことを考えるべきで、たとえば、次のようなＡＳＰ業者が挙げられます。

・A8.net　・フィング　・セレス　・アドスタイル
・Zucks　・i-mobile　・エムエムラボ　・Link-A
・サルクルー　・mint　・BGテクノロジー
・レントラックス　・ADWAYS　・オンド　など（順不同）。

単品リピート通販で市場に新規参入する人は、「売り方」についてはこれらの業者に任せてしまいましょう。繰り返しますが、成果報酬型ＡＳＰですから、売上が発生しなければ報酬も支払う必要がありません。だからリスクがないわけです。

かといって、広告に必要なイニシャルコストは必要ないというわけではありません。売上が上がると、ＡＳＰ業者に支払う報酬が生じます。それまでに商品の売上代金が入ってくればいいのですが、時にタイムラグが生じて報酬支払いが先に来るケースもあり得ます。

そう考えれば、**広告費についてはある程度の資金を用意しておくことも必要**で、どの程度のサイズ感でビジネスを展開していくつもりかにもかかわってきます（こうした財務戦略の詳細については第8章で紹介します）。

売れる商品であればあるほど、ＡＳＰ業者への報酬は増えていきますから、資金繰りについては事前に慎重に見通しておくことが必要と言えるでしょう。

最初の3カ月の推移を慎重にチェック

最初に商品をリリースして一定数が売れたあと、次月にどのくらいのユーザーが継続して購入してくれるかを見ていきます。

その際に、**初月の購入者の翌月の継続率が70％以上であり、広告報酬と商品原価を超えていたら、アクセルを踏み続けて良い**と思います。その意味では、最初の3カ月程度の推移は慎重に見たほうがよく、これは小ロットからのスタートでもいいのです。リスクヘッジを考えながら、慎重に進めていくことが必要です。

広告用の資金は、今後の売上予測を見通しながら、ＡＳＰ業者との交渉の中で決められますし、できるだけリスクを取らない選択も可能です。また、大手のＡＳＰ業者であれば、報酬の支払いサイトをできるだけ遅くするような交渉ができる場合もあります。

こうした柔軟な取引の中で進めていける点でも、大手の信頼できるＡＳＰ業者をパートナーにすることが必要と言えるかもしれません。

ＲＦＭ分析ですべてがわかる

顧客のデータを持っていることは、Ｄ２Ｃビジネスの最大の利点であり、「単品リピート通販」の成長性を支える一番の要因であると述べてきました。

この「リストマーケティング」の基本は、まずは個人情報をもらうことからスタートします。

顧客リストがない企業は、来月の売上を予想することができず、安定した収益につながりません。マーケティングに関する統計では、**一度でも商品を買った人は、まったくの新規顧客よりも5倍以上商品やサービスを購入する**ことがわかっています。それだけ、一度買ってくれたお客様は、その情報とともに大事にしていかなければならないのです。

顧客データは、買ってくれたお客様の属性情報を得ることだけが重要なのではありません。商品を購入した時間や、どれくらいの頻度で、どれくらいの量を購入したかといったことがすべてデータとして把握でき、蓄積されていきます。これを、ＲＦＭ分析と言います。

ＲＦＭ分析とは、Recency＝直近のいつ、Frequency＝頻度、Monetary＝購入金額の３つの指標で顧客をグループ化するなど、傾向や性質を分析しながらマーケティング施策を講じていく手法です。

消費傾向などを細かく把握し、何時頃に購入するお客様が多いのか、どういった世代の人に支持されているのか、といった点を分析できます。40代向けにつくった商品が、むしろ50代に売れているとか、若者向けにつくったものが年輩の人に受けている……。そうしたことがＲＦＭ分析でわかるわけです。

自社の商品を市場に出したあと、どんな属性にどのような購買があるのか、どの媒体でどれだけ集客できたかといったデータを自動収集し、その後のプロモーションにつなげていきます。こうした情報の蓄積と分析によって、商品を「欲しい」と思う人を見つけ、必要とする人に確実にリーチしていくことが可能になるのです。

たとえば、ダイエット関連の商品は、深夜の通販番組で紹介されることが多くあることをご存じでしょうか。

これは、広告費が安いからこの時間に放映されているのではなく、この時間に起きている人は食生活や生活習慣が夜型で、太っている人が多いからです。日常の生活習慣が変化し、通販番組の深夜1〜2時が、ダイエット商品の最も売れる時間帯。それが、データによって正確に示されているのです。

こうしたRFM分析によるターゲティングを基に、ASP業者はアフィリエイト広告を中心にしたあらゆる手段で集客していきます。

またデジタルマーケティングの他に、たとえばユーザーの誕生日には、アナログでのリアルなプレゼントを贈るといったアプローチや、モニターに商品を持ってもらった写真をInstagramやLPにアップするなどのサービスを提供してくれる業者もあります。デジタルとアナログ双方のさまざまな仕掛けの中で、売上の拡大を図ってくれるのです。

RFM分析で、顧客の傾向や性質を分析

Recency Score（最新の購入日）のイメージ図

購入金額金額だけで判断するのではなく、
頻度など総合的に判断する。

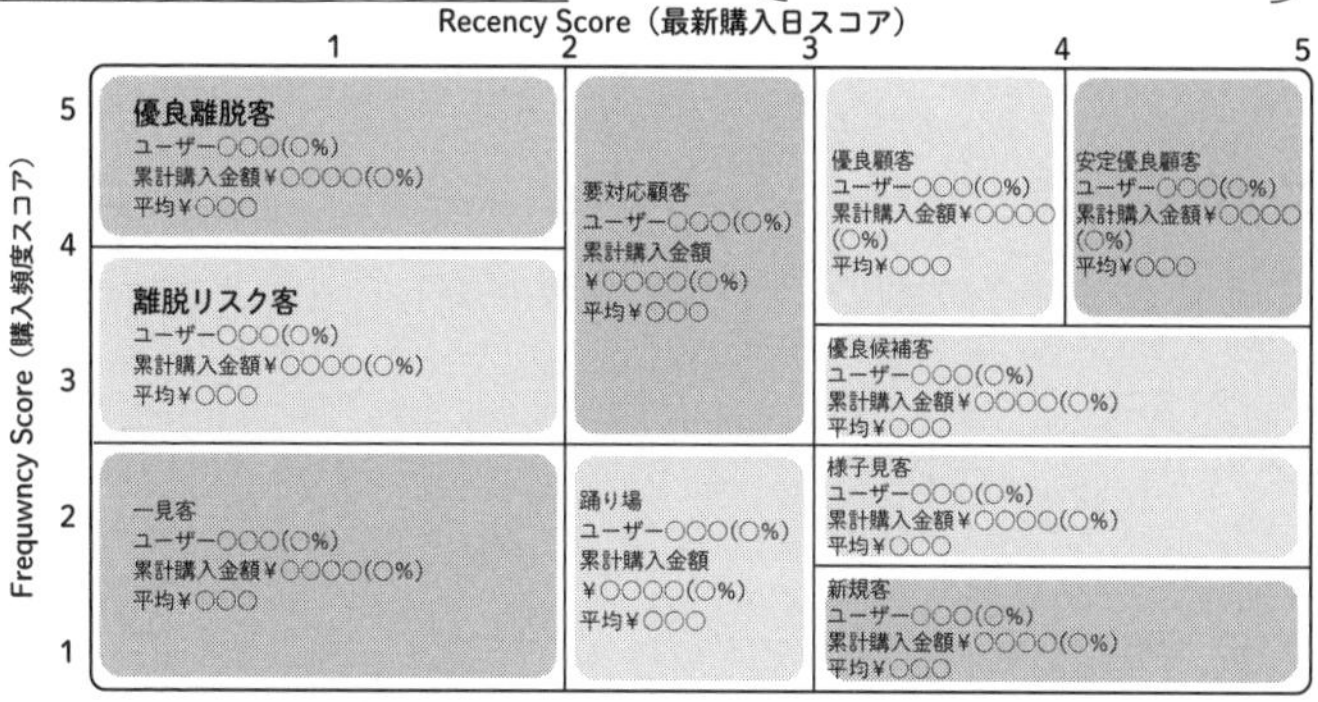

Frequwncy（来店頻度）のイメージ図

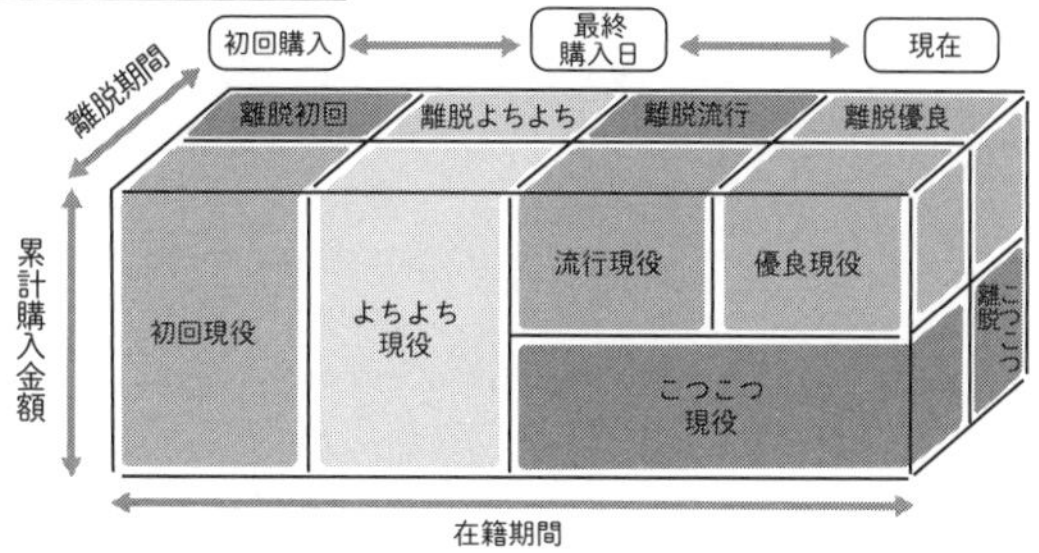

Monetary（購入金額ボリューム）のイメージ図

人数	100,001円以上	40,001	30,001	20,001	10,001	10,000円以内	計
1カ月以内	62	120	301	101	89	49	722
2-3カ月	22	71	11	91	19	82	296
4-5カ月	143	56	62	51	86	72	470
6-12カ月	214	53	421	76	12	305	1081
13-17カ月	63	34	98	15	12	308	530
18カ月以上	43	73	52	42	88	111	409
計	547	407	945	376	294	816	3385

VIP顧客（1カ月以内〜2-3カ月 × 100,001円以上〜40,001）
優良顧客（1カ月以内〜2-3カ月 × 30,001〜10,001）
通常顧客（4-5カ月〜6-12カ月 × 100,001円以上〜10,001）

売れるLPのつくり方

ランディングページとは、商品の検索結果や広告などを経由して、訪問者が最初にアクセスするページのことです。本書でもすでに何度かお伝えしているとおり、略して「LP」とも呼ばれます。

ユーザーが最初に着地するページですから、そこで受ける印象が、購買心理に大きな影響を与えることは言うまでもありません。「単品リピート通販」では、売上に直接結びつくものとして、このLPの中身がどのようにつくられているかが非常に大事な要素になります。

実は、成約率が高いLP、つまり「売れるLP」には、ある決まったセオリーや型があります。このノウハウは大手の信頼できるASP業者は当たり前のように持っていますから、結論を言えば、**パートナーであるアフィリエイター（ASP）たちに任せればいい**ものです。

ただせっかくですから、私のこれまでの経験に基づいた、「売れるLP」の「型」

について、ここでいくつか紹介してみましょう。あなたが商品をつくり、ＬＰを新たに用意しようと考えるときの参考にしてもらえれば幸いです。

たとえば、ＬＰに使うキャッチコピーはとても大事なものですが、なにもまったくのゼロベースから考えていく必要はありません。誤解を恐れず言えば、プロの世界であっても、その多くはすでに広告の世界で売れているキャッチコピーを新たなものにアレンジして創作するケースは少なくありません。

決まった型があり、それに沿って制作していくだけで、ある程度の効果的なコピーはできあがります。コピーライターという職業がありますが、彼らも多くの場合、まったく何もないところから創っているわけではなく、既存のフレームワークに当てはめながらアレンジしています。

有名なコピーのフレームワーク

そうしたフレームワークには、たとえば次のようなものがあります。

有名なフレームワーク「ＡＩＤＡの法則」です。

LP（ランディングページ）の構成要素

◎A（アテンション）：注目：キャッチコピーやファーストビューを、目をひくものにする。
◎I（インタレスト）：興味：リードコピーなどで、さらに興味や関心を高めるものを持ってくる。
◎D（デザイヤ）：欲求：読んだ人の欲求を刺激して手にしたいと思ってもらう。
◎A（アクション）：行動：購入、申し込み、問い合わせなどの行動をしてもらう。

AIDAの法則は、商品を知り、購入のプロセスまでの型が決まっています。
それ以外に、「PASONAの法則」があります。

◎Problem（問題提起）
◎Agitation（不安扇動）
◎Solution（解決先の提示）
◎Narrow down（限定：絞り込み）

◎Action（行動）

ＡＩＤＡの法則は、注目を集めることで興味を高めていき、欲しいと思う感情を高めていきつつ、購入へと導いていくものです。

一方、ＰＡＳＯＮＡの法則は、問題提起を行なったあと、共感しながら現状での不安感を煽《あお》りつつ、解決策を提案します。その上でベストな方法を提示し、購入へとつなげていくアプローチです。

具体的な例を挙げてみます。

◎P（Problem）：問題を提起する

「最近顔にできたシミが増えてきたと感じていませんか？」
「これからも増え続けてしまうのでは、と悩んでいませんか？」

こうした呼びかけで消費者が潜在的に困っていることや苦労していること、不便に感じていることを明確に訴えて問題（Problem）に気づかせます。

◎A（Agitation）：親近感（Affinity）、問題をあぶり出し、煽り立てる

「出産を経験してぶくぶくとお腹が出てしまい、昔のようなスタイルに戻りたい？」
「いつまでも若さやスタイルを維持したい……と感じたことはありませんか？」

問題に気づいてもらうことができたら、次は問題の深刻さを知ってもらいます。その際、「痛み」を伴う書き方が有効です。消費者の「痛み」を切り出すように問題点を煽り立て、より自分ごととしてイメージできるように描写します。

◎SO（Solution）：解決策の提示と証拠

「モデルのAさんが、スタイル維持の秘訣として愛用しているダイエットサプリを、なんと９８０円でご提供」

Agitationで問題を深く消費者に突き刺したら、その「解決策」として、商品（サービス）を紹介します。ここでは、あなたが売りたいものが問題解決に役立つことのアピールが重要です。売上などの社会的証明や実際に使った人の感想、客観性がある形で示された「商品を使うメリット」などを示します。

その際、この段階では購入を急き立てるのではなく、「実際に使ってみたい」とより強く興味を持ってもらうことを狙うと良いでしょう。

◎N（Narrow down）：限定、緊急性、絞り込み

「生産量がごくわずかのため、申し込み先着５００名様のみの特別価格となっております」

Solution で商品について、その効果や信頼性などについて解決策を示して理解してもらったら、次は対象客や期間を限定して、商品の限定感や緊急性を演出します。今だけの「特別感」、いつでも購入できるものではないという「限定感」をアピールし、「緊急性」を演出します。Narrow down では「損失回避の法則」を活用することも有効な手段です。

◎A（Action）：行動を促す

「3カ月後には、まるで別人のようなスタイルの自分と、鏡の前で出会えるはずです」

ここで、「今すぐ購入」という心理に持っていきます。

「読ませる」より「見せる」

これは1つの例ですが、こうした購買心理に基づくアプローチの方法を重視しながら、LPのページ構成を行なっていきます。

基本的には、178ページのLPの型サンプルに掲載したように、ユーザー（モニター）や商品の写真などの**ビジュアル訴求**を冒頭に持ってきたあと、**権威性のあるエビデンスを示した評価**が続くような構成方法が多く見られます。

LPでは、ターゲットの悩みを明確にして、「同じ悩みを持っています」というスタンスで共感性を高めることが大切ですから、ユーザーの使用後の感想や成果などの生の声を掲載するのも有効です。また、使用の際の安心感を醸成するための保証やユーザー特権などを掲載していくのも主な流れでしょう。

「読ませる」よりも「見せる」という視覚的な要素を強調しつつ、**権威性のある科学的エビデンスを示して信頼性を高める**。さらに、LPにAIチャットボットによる購入画面を用意して、スムーズな入力を後押しするような工夫を施すのも大事な方法と言えます。

今では、AIチャットボットを購入画面に導入することで、フォームによる手動入力よりも成約率が2倍に上がったというLPも多く存在しているようです。目の前に人がいて対応してくれている感覚になり、ストレスなく入力が進められ、いわゆる「カゴ落ち」が起きにくいと言われています。

このようなさまざまな工夫によって、LPの質は以前よりも大きく向上しています。

「顔の見える」サイトを意識する

楽天の三木谷浩史社長が、あるメディアのインタビューで、こんなことを言っていました。「人気のあるサイトとは、人気（ひとけ）があるサイト」だと——。つまり、発信者の顔が見えるようなサイトのほうが、売上が高くなることがデータでも示されています。

大手のスーパーマーケットでも、野菜売り場に生産者の笑顔の写真が並べられるなど、顔が見える工夫がされるシーンが増えてきたように思います。つまり、生産者や製造者の顔が見えることで、購入する側は安心するのです。

どんな人が商品開発をしているのか。そこにはどのような開発秘話があるのか。どういった気持ちで商品をユーザーへと届けようとしているのか——。**顔の見えるメッセージを伝える**ことで、人気（ひとけ）のある売り方になるよう工夫をしているわけです。

私も化粧品や健康商品のＬＰで、実際の愛用者の声を紹介したり、権威性のある医療関係者、または文化人や著名人などからレビューのコメントをもらうといった工夫をしています。

「雑誌で取材された」「TVで取材された」「実際の販売実績でNo．1を獲った」などのトピックスがあれば、積極的に発信しながら、コンテンツを膨らませていきます。

実際に売れている商品のLPは、こうした工夫が網羅されています。

たとえばファミリーカーを売る広告では、車の機能面を説明するのではなく、家族で幸せな旅行をすることの楽しさや、笑顔のあふれる車内空間をイメージさせると購入率が格段に上がると言います。

スポーツカーなどでは、デートに使えるシチュエーションを連想させます。高級車ではまわりから尊敬の眼差しで見られるシーンやラグジュアリーな空間を演出することで、売上が変わってきます。

機能面をしっかり説明することももちろん必要ですが、むしろそれ以上に、**その商品を得ることでどんな幸せが訪れるのか**を、視覚的効果の中で端的に表してあげることが大事なのです。

小学5年生が読んでもわかる、シンプルでわかりやすいページを

人間は、目にしたものに対して、数秒で自分に必要かどうかを判断すると言います。「**メラビアンの法則**」では、目と耳から入ってくる情報が印象の93％以上を占めるそうです。これから先、動画広告がさらに増えていくと予想されているのも納得で、人間は主に「見る」数秒で、好きか嫌いかを判断しているわけです。

そのため、ＬＰのキャッチコピーやボディコピーは、シンプルでわかりやすいものであることが必須です。販売ページのファーストビューはとても大切で、複雑でわかりにくいなど**第一印象**が悪いと、瞬時にサイトは閉じられてしまいます。

ＬＰの商品説明ページを読んだとき、1つでもわからない点があると購入には至りません。商品ページを上から下まで読んで、たとえば**小学5年生が読んでもわかるような内容であり、構成になっているか**。そうしたわかりやすさはとても重要です。

難しい言葉を使わず、小学校高学年でも見たらわかるように、**論点をまとめて表現**

していきましょう。

そんなやさしい言葉で書いて、「見た人にバカにされないか？」「簡単すぎて売れないのでは？」などと考える必要はありません。

「サルでもわかるシリーズ」や「小学生でもわかるシリーズ」といった本が、大人向けの通常の本よりも数倍売れた大ヒット作品の好事例です。

たとえば、ＬＰにおいて、わかりにくい商品訴求や価格設定、伝わりにくい購入方法などが載っているなら、ただちに改善を図るべく、検証を深めてください。

それを繰り返して行ないながら、**ユーザビリティーの改善を促す**ことで、ページ自体のコンバージョン（成約）率は確実に上がります。そうやって、商品やブランドに対して共感してくれる人の数を少しずつ増やしていきましょう。

ブランドサイトに力を入れるよりも、LPを充実させる

ここまで、売れるＬＰをつくるための解説をしてきましたが、では商品の魅力を概

念的に伝える、いわゆるブランドサイトはどのようにつくるべきなのでしょうか？

結論から言えば、ブランドサイトはクオリティを重視する必要はまったくありません。キレイで華やかなサイトをつくる必要などなく、むしろ**ブランドサイトにかける予算があるなら、LPの充実に回す**ことを考えるべきです。

実際、現在のWeb上に存在するブランドサイトには、「何のため？」と言えるような、明確な目的を持たないものが数多く存在していると感じます。

単に広告の延長として製品情報を伝え、ブランドイメージを表現するだけでいいのが、ブランドサイトやオフィシャルサイトです。「単に存在するだけ」という立ち位置であり、売上につながるような役割を持つものではないと割り切ってしまっていいでしょう。

ブランドサイトは言ってみれば、クリアに映る商品の写真だけあれば問題ありません。あくまでもイメージの訴求だけでOKで、私はLPとのリンクも無用だと思っています。ドメインすら別で構わず、LPとの紐づけは必要ありません。

つまり、ブランドサイトは売るための訴求はなくていいと考えています。売るための仕掛けは、LPに100%注力させれば良く、オフィシャルサイトやブランドサイトに無用なお金をつぎ込むのはナンセンスです。繰り返しますが、ブランドサイトに使うお金があれば、そのままLPの機能アップのほうに回すべきなのです。

強いて言えば、ブランドサイトには「商品の使い方」や「FAQ（よくある質問）」などの紹介、商品に対するこだわり、ポイントなどの「商品説明」に特化させる役割を与えましょう。両者の立ち位置を明確にしながら、「いかに売るか」についての軸はLPに徹底的に集約させてください。

逆に言えば、商品の直接の販促を目的につくるものは、LPという紙きれ1枚でOK。それをしっかりと売れる型の法則に沿う形で制作します。質の高いASP業者やLP制作会社に基本的には任せつつ、あなたのユーザー目線での意見も大事にしながら、丁寧につくり込んでいけばいいでしょう。

無用に広い「見込み客」を取りにいかない

以前は、興味のありそうな見込み客をメルマガ登録などで会員になってもらった上でセールスをかけていく手法がよくありましたが、今はそのようなまどろっこしい方法は必要ありません。

商品の購入機会はＬＰによってダイレクトに用意していますから、興味のある人は自分の属性情報を入力した上で、すぐに買ってくれます。逆に言えば、買うほどの興味のない人にはこちらは何もする必要がないし、面倒な努力をする必要もないのです。

つまり、無用に広い「見込み客」と言われる人たちのパイまで取りにいかなくてもいいのが、このビジネスの特徴であり、強みやおもしろさと言えます。

ダイレクトに購買層に訴求し、買ってくれる人たちの情報を受け取り、その人たちに継続的に働きかけをしながら長いお付き合いをしていく――。そうやってストック型の収益に結びつけていくのが「Ｄ２Ｃ×サブスク」であり、「単品リピート通販」のビジネスなのです。

あなたの商品のファンをつくれ

ユーザーとつながり、双方向性の関係性の中でダイレクトに商品訴求ができていくのがＤ２Ｃのビジネスモデルです。

加えて、サブスク契約によって、できるだけ長い関係性を顧客と培っていくことで安定収益を確保していくわけですが、大事なのは、**取引を続けてくれるユーザー一人ひとりを、あなたの商品のファンにしていく**ことです。

では、どうすればファンをつくることができるか？　その方法は、Ｄ２Ｃによる顧客とのダイレクトなつながりをいっそう強めていくことに他なりません。

あなたは、**「ザイオンス効果」**という言葉を聞いたことがあるでしょうか？

これは、人との接触回数が多いほうが好感を持ちやすいという心理的効果を説明したもので、通信販売のビジネスモデルにも当てはまるものです。

顧客とのコミュニケーションの機会を増やせば増やすほど、商品に対する好感度は上がっていきます。けれども、単に商品を届け、お客様から代金をいただくだけではその関係性やつながりは一向に深まらないでしょう。

そこで必要になるのが、**商品を送り届けるやりとりの中で、商品のファンになってもらえるような「仕掛け」**です。

ファンになってもらう「仕掛け」

D2Cの販売手法によって、あなたのところには顧客各々の属性データが蓄積されているはずです。年齢や性別や誕生日など、会員登録を促して情報を入力してもらうことで、それらは貴重なデータとして一つひとつ積み上がっているでしょう。

このデータを活用することで、D2Cビジネスのメリットを最大限に使い、あなたは顧客との距離感を次第に縮めていくことができます。

◎属性に合わせた同梱物

たとえば、商品を郵送などで届ける際に同梱するノベルティや商品案内なども、ユーザー一人ひとりの属性や商品別、世代によって変えていきます。発送の際に個別にコード管理し、それぞれ自動的に同梱物を入れて物流に乗せていくことができますので、販売側の作業負荷が生じることなくできます。

たとえば、同梱するDMを使って、お客様に直接、「○○に困っていないですか？」

と悩みの解決に訴求していくことが有効な場合があります。

悩みや不便さに共感し、アンケートによって商品のメリット・デメリットなどを教えてもらうことで商品の改善につなげたり、ブラッシュアップを提案していきます。そして、「1カ月目はこういう変化」「2カ月目はこうなっていませんか？」という効果・効能の感触についても丁寧に聞いていきます。

こうした双方向性のアプローチを続けながら、ユーザーからの信頼度を深めていき、長いお付き合いをしていくことでファン化へとつなげていくわけです。

商品の同梱物は、RFM分析でお客様の属性に応じてグループ分けをしますから、ユーザー一律ではありません。こうした細やかなアプローチができるのがD2Cの強みで、そのことがビジネスの成長に大きく寄与していくことになります。

◎ユーザーへのリスニング

他にも、取引を止めたユーザーに、「なぜ止めたのか」の理由を丁寧に聞いて今後のマーケティングに活かしていくことも大切でしょう。マイナスの情報もきちんと活かすことで、商品の改善やブラッシュアップにつながります。それによって、マーケットインによる商品開発や市場投入ができていきます。

社長室に直接届くアンケートはがきを入れたり、お客様相談室のコールセンターにフリーダイヤルを設けるなど、顧客の意見や感想を聞きながら、それを商品に活かしていくような仕組みも設けます。そうやって双方向の関係をつくることで、商品のファンを増やしていくのです。

◎紹介カード、モニター依頼

顧客によっては、商品を使った感想を自発的にSNSなどで発信してくれる人もいます。同じような悩みや不便さを感じているのは、友だちにもいたりしますので、定期的に「紹介カード」を入れたり、一人ひとりへの個別アプローチを強化していきます。

またモニターを依頼して、商品の使用感のチェックを3カ月程度行なってもらい、協力してくれた人には化粧水やクレンジングなどのプレゼントを贈るといったこともいいでしょう。

ユーザーとの継続的な双方向性コミュニケーションでつながりを強める効用

ユーザーとの双方向性のやりとりの中で、常にワクワク感を与えられるような仕掛けを用意していく。こうした直接的なプロモーションと双方向性のコミュニケーションによって、つながりを強めながらファン化を促していきます。

ファンになって自ら商品をＰＲしてくれるようになり、家族や友人、職場の同僚や近しい人にすすめてくれるという拡散がなされていけば、ビジネスへの効果は計り知れません。ユーザーからさらに発展させて、ファンという存在にしていくことが、収益を伸ばしていく1つのカギになります。

継続的に行なう双方向性のインタラクティブなコミュニケーションこそがファンづくりにとっては大事で、Ｄ２Ｃビジネスの武器にもなります。

一見客の脳裏に焼き付ける秘策——販売者の「ストーリー」が共感を呼ぶ

言うまでもなく、お客様は、一度商品を買ってくれたからといって、この先もずっと購入し続けてくれるとは限りません。だからこそ、あなたの商品を、買ってくれたお客様にどう印象づけるかが大切です。

なにしろ、あなたがリリースした商品は、いくら品質や機能性に自信があっても、最初は誰も知らないノーブランド商品に過ぎません。そのことをしっかりと自覚し、顧客に商品の魅力を伝え続ける努力を怠らないことがとても重要です。

けれども、単に商品の成分や効果を伝えようとしても、箇条書きで無機質に羅列しただけでは、その良さを伝えるのは難しいでしょう。

そこで大切なのが、**「ストーリー」**です。

表現をストーリー仕立てにすることで、この商品がどんな気持ちでつくられているのか、どのようなこだわりがあるのか。どういうメリットがあるのか、といった要素を印象深く伝えることができます。そうやって顧客の心情や脳裏に刻んでいくことで、商品を忘れずにいてもらうのです。

◎こだわりエピソード

たとえば、Apple製品をつくったスティーブ・ジョブズが、商品の発売日が決まっていたにもかかわらず、少しデザインが気に入らなかったという理由だけで販売を延期したり、最初からつくり直したりしたといったストーリーはよく知られています。

こうしたストーリーを耳にすることで、Apple社は「デザインの細部までこだわる妥協のない会社である」とユーザーは認識するわけです。

何かの魅力が人々の心に刻まれるブランドには、常にそうした「こだわりのストーリー」が必ず存在していて、それが共感となって人々の購買心理を動かしていくことにつながります。

共感できた商品への愛着は、何も知らずに買う人に比べて10倍も強いと言われます。世の中には特定のブランドの収集家といったマニアが存在しますが、そうなる理由の裏側には、必ずと言っていいほど固有のストーリーが存在しているのです。

◎失敗談や苦労話

また、人間というのは良いニュースと悪いニュースのどちらを読むかというと、「悪いニュースのほうが2倍以上のアクセスがある」ことがデータで証明されています。人の性《さが》かもしれませんが、ネガティブな記事のほうがクリックされやすいのです。

逆説的なアプローチにはなりますが、成功ストーリーだけでなく、時には開発途上の失敗談や苦労話、くすっと笑える話などを交えると親近感が増し、商品とユーザーとの距離感もグッと縮まります。

◎開発者の人柄

繰り返しますが、あなたが販売した商品は誰も知らないノーブランドです。

ですから、買ってくれた人に商品の印象を残すには、まずは開発者であるあなたの人柄を伝えていくことも方法の1つです。

また、ブランドの代表や開発担当などが胸に秘める、「なぜこの商品をつくったのか」といったコンセプトをメッセージとして伝えてもいいでしょう。何かしらユーザーの心に響くような、心温まるエピソードを入れるのも効果的。そうすることであなたの商品は顧客の脳裏に深く刻まれ、それまでよりもずっと忘れにくい存在になるに違いありません。

全員に好かれようとしないでいい

こうしたストーリー立てによる訴求は、商品の共感性を高め、人々の心を動かしていく側面があります。それによって商品への愛着が生まれていけば、この先も「長く使っていこう」というモチベーションが生まれるはずだと私は思います。

本書ですすめるビジネスモデルで挑むのは、市場規模が数兆円を超えるレッドオーシャンですから、頑張ってすべての人に共感してもらう必要はまったくありません。

全員に好かれようとしなくていいのです。**ターゲットにしている特定の層に刺さるコピーと、ファンを育てていくD２C戦略**さえあればいい。

データを活かし、長い取引関係を生んでいくさまざまなプロモーションが顧客との信頼関係を育み、あなたにとっての力強いアドバンテージになるはずです。

第6章

「単品リピート通販」の成否を分ける顧客対応

ネット販売でますます高まるコールセンターの重要性

皆さんがレストランやホテルに行ったとき、料理の味や部屋の雰囲気よりも、スタッフの対応や立ち居振る舞い、ホスピタリティなどで、そのお店の良し悪しを決めていることはないでしょうか？

「商品を売る」というサービスに対して、人が好意的に感じるか否かは、やはり顧客対応。つまるところ、ビジネスにおける成否を分ける大きな要素になるのは、**スタッフによる顧客対応**ということになるのです。

これは、D２Cのビジネスモデルであれば、特に重要な要素となります。顧客との直接的なつながりの中で商品をセールスし、長い取引を続けていくのですから当然でしょう。

そうした双方向での顧客対応が必要となるD２Cビジネスにおいて、きわめて重要な位置を占めることになるのが、「コールセンター」の役割です。

コールセンターとは、顧客や消費者からの電話対応を専門に行なう拠点や窓口のことで、商品やサービスの申し込みや問い合わせ、クレームなどに対応します。近年は電話にとどまらず、メールやホームページからの問い合わせ対応も重視されるようになり、「コンタクトセンター」という呼び方をされるケースも増えています。

つまり、あなたがＤ２Ｃによる単品リピート通販のビジネスを行なうとき、どのようなコールセンターと契約するかは、とても重要なテーマになるわけです。

世の中のデジタル化が進む現代、**インターネット販売においてコールセンターの需要は大きく増加し、マーケティングにおいて重要な位置を占めるもの**になっています。

加えて、ＣＴＩ（Computer Telephony Integration）という機能が付加され、サービスを提供する側もされる側もその利便性が大きく高まっています。

ＣＴＩ機能とは、発信者番号通知を許可している顧客からの電話の際に、電話がかかってくると同時にその顧客情報が画面に表示される仕組みです。

ユーザーからかかってきた電話に対して、発信者の名前や属性が同時に画面表示されますから、たとえば相手が先に名乗らなくても、「はい、○○様」とホスピタリティあふれた受け答えから会話を始めることができます。

　至極丁寧な応対を受けたお客様は、「自分がＶＩＰ級の扱いを得られた」と思うかもしれません。こうした**パーソナルなフォローがＣＴＩ連動によって可能**になり、顧客満足度の増大につながっていきます。

　たとえば皆さんは、利用する何かの商品やサービスの問い合わせのために電話をかけたとき、相手から「ご本人確認のために生年月日と住所を教えてください」などと言われてイラッとした経験はありませんか？

　ＣＴＩを導入すれば、基本的にそうした部分は割愛していくことも可能で、顧客の感じるストレスを大きく減らすことができます。

　こうした細やかな気遣いや工夫によって、自社のＬＴＶ（顧客生涯価値）が１４０％以上も増加したという実例も報告されているほどで、顧客満足度を着実に上げていくことが可能になります。

　コールセンターの顧客対応の中身次第で、**お客様一人ひとりに、自身がロイヤルカスタマーであることを認識してもらい、その後の長い取引へとつなげていく**ことができます。

なかにはコールセンターのスタッフが、お客様と世間話ができるほどの関係性となっているケースもあるほどです。より深いつながりのできたロイヤルカスタマーのお客様は、新しい商品ができると、率先して購入してくれる割合がおのずと高くなります。

特に50代以降の方は、電話でのやりとりのほうが安心されることが多く、アナログをむしろ効率的と捉えている方が少なくありません。Ｗｅｂ上の問い合わせフォームだけを設けて安心していては、せっかくのビジネスチャンスを逃してしまうことをぜひ知っておきたいものです。

コールセンターは、きわめて大切なビジネスパートナー

前章で説明した「商品のファンをつくる」という要素においても、コールセンターは大事な役割を果たすことになります。

さまざまな顧客情報の収集は、アンケートやはがきに頼るよりも、会話ベースの中

でダイレクトに情報を受け取るほうが確実です。その機会を得られるのが、エンドユーザーと直接対話するコールセンター対応であり、電話という濃密なコミュニケーションだからこそ効果的と言えます。

これは、とても重要なビジネスチャンスです。

「顧客を逃がさない」「解約率を下げる」「データを取る」

コールセンターによる対話は、アップセルやクロスセルにつなげる重要な機会になり得ます。

そのため、質の高いコールセンターをパートナーにつけることは、きわめて重要な要素です。そこに注力することは、まさに「単品リピート通販」ビジネスの成否のカギを握るものであると言えるでしょう。

電話対応はコストではなく、ビジネス拡大を生む投資

その意味でも、通販ビジネスを行なう人が陥りがちなミスは、実は明らかです。

それは、1本の電話をコストと捉え、架電する時間を「短ければ短いほうがいい」と考えてしまうことです。あなたは、そんなマイナス思考にとらわれてはいませんか？

もしそうなら大きな間違いです。**架電に要する時間はコストではありません。むしろ、ビジネスの拡大を生むための大切な投資**です。電話で得られる顧客との直接的なコミュニケーションの中身こそ、大事にしなければならない経営資源なのです。

それなのに、コールセンターの中には、「雇用するスタッフは時給計算だから、電話は短く切ってくれるほうが優秀」などと位置づけるところがあります。けれども業務を依頼する側からすれば、顧客やユーザーの話にきちんと耳を傾け、より多くの情報を得てくれるコールセンターに仕事を任せたいのは当然でしょう。

積極的にユーザーと会話をしてくれるような、双方向性でのコミュニケーションを大事にするコールセンターに、自社のパートナーになってほしいと思うはずです。

ユーザーとの親和性を高められれば、たとえばクレームによる電話であっても、相手の怒りを和らげることもできます。つまり、コミュニケーションの取り方次第で、電話の相手をクライアントにできるかどうかが決まるのです。

「自分が大切にされている」という特別感を上げていくことが、あなたの商品のファンづくりにつながっていくわけで、それを実現できる、質の高いコールセンターを利用することをぜひ考えてほしいと思います。

誰だって、自分の名前を覚えてくれていると感じて、「○○さん」と呼びかけてもらったらうれしいものでしょう。それは、リアル店舗で目の前のお客様にお声がけをするのと同じようなコミュニケーションを、電話で行なうイメージです。

こうしたことからも、**電話による貴重なコミュニケーションの機会を逃すのは大きな損失**です。ユーザーが「電話がつながらない」「オペレーターの対応が悪い」と感じる状況になるのは避けるべきです。そのストレスをユーザーに与えてしまうことは、解約のリスクを上げることにダイレクトにつながってしまうこともぜひ知っておきたいものです。

「解約」をビジネスチャンスにつなげる秘訣

単品リピート販売において最も懸念すべきリスクは、言うまでもなく顧客の「解約」です。サブスク型ビジネスの最大のメリットは、ストック型のモデルであることですから、そのベースである顧客数が減ることは、当然ながら最も避けなければならないものです。

ただ、一定程度の解約数があるのは、ビジネスですから当然のこと。肝心なのは、それを**「活きた解約」**へと転化させられるかどうかです。ただの解約でなく、その後の売上の増加につながるチャンスをつくり出すことが重要であることをぜひ知ってほしいのです。

そこで大事なのが、**解約するときにはその理由をしっかりと把握し、データとしてストックしていく**ことです。

それによって、商品やサービスをより良いものにしていき、新たな開発と売上の拡大へつなげていくことができます。

解約の多くは、そこに理由があるものです。だからこそ、お客様が止めていく際に、**「こうすればもっと良くなる、といった提案はありますか?」**と丁寧に尋ねることを重視しましょう。

理由の一つひとつをデータとして蓄積していくことが、「活きた解約」に転化していくための秘訣です。

そうした「声」を集めていくのが、コールセンターおよびコンタクトセンターの役割でもあります。

どんなビジネスも、予想どおりにいかない事柄は生じます。しかし、予想どおりにいかないときこそ、実はビジネスチャンスにつながるヒントがあることを知っておいてください。

「なぜ、うまくいかないのか？」という視点を持ち、それを起点に修正を繰り返しながら、より良いものに最適化していく。顧客対応の中で培われる継続的な思考錯誤のプロセスが、ビジネスを伸ばしていくことにつながります。

コールセンターを替えただけで、年商140%増——コールセンター選びのポイント

以上のようなさまざまな要素から、単品リピート通販ビジネスにおけるコールセン

ターの重要性を認識していただけたでしょうか？

データを蓄積していく上で、また商品のファンをつくっていくために、コールセンターの役割はとても大きなものがあります。だからこそ、**コールセンターをコスト面の安易な相見積もりなどで選ぶようなことはおすすめしません。**

売上と利益を最大化したいのであれば、実は一番大事な部分なのです。費用対効果をきちんと見極め、ビジネスの成果をもたらすための機能性まで重視して選択してほしいと思います。

私はこれまでの経験の中で、**コールセンターを替えたことで、前月比１４０％もの増収を見た企業を数多く知っています。**

コールセンターがどのくらい、あなたの会社のビジネスを理解しているか？

デキるコールセンターなら、クライアントのビジネスモデルをスタッフ全員で深く共有するための研修を実施します。その意味では、俗にいう大手のコールセンターでは、そこまでの負荷をかけて、ビジネスモデルへの理解を深める努力をしていないケースもあり得ます。

あなたのビジネスを理解しつつ、パートナーとして一緒に成果を追い求める熱意があるか否か。事業の成否のカギを握る存在として、コールセンター選びにはぜひ慎重な検討をしてほしいと切に願います。

ちなみに私は、単品通販を専門にしたコールセンターを設立し、現在では上場企業から年商50億円を超えるクライアントにサービスを提供しています。売上を伸ばしたい、お客様対応を充実させたいなどの要望がありましたら、遠慮なく左記までお問い合わせください。

※単品リピート通販コールセンター株式会社 Telemarketing One（テレマーケティングワン） www.telemarketing-one.com

既存の顧客は新規客より5倍購入する――「いちごの法則」

売り切って終わりというフロー型が当たり前だったビジネスから、商品やサービスを継続的に提供するストック型の収益が重視されるようになった今の時代。**顧客と長く付き合っていくことが大事**であり、そのためにもコールセンターの果たす役割は大きいことをお伝えしてきました。

利益を残し続ける会社は、質の高い対応によって、既存の顧客をとても大事にしています。**一度自社の商品を買ってくれたことのある人は、購買のハードルがおのずと低くなっている**わけですから、それを活かさない手はないからです。

マーケティングにおける、**「いちごの法則」**という言葉をご存じでしょうか？

「いちご＝1：5」の意味で、**新規の顧客を獲得するには、既存のお客様の5倍のコストがかかる**ことを表したものです。

逆に既存の顧客は、一度商品を購入しているため、少ない獲得コストで再び商品を購入してくれる可能性が高い存在です。

つまり、中長期的に商品を買ってくれるお客様になる可能性が高く、商品や企業に対してのロイヤルティが高まれば高まるほど、その期間は長くなっていくことが考えられます。

既存顧客を維持するために、サブスクに精通している業者を

ビジネスにおいては、**新規顧客を獲得すること以上に、既存顧客の維持が重要**であるという考え方が大切です。

たとえば既存顧客向けのキャンペーンや、メールマガジンの配信など、既存のお客様を大切にしていくための販促活動を疎《おろそ》かにしてはいけません。

だからこそ、D2Cビジネスによる直接の関係性の中で信頼関係を築くことが必要で、繰り返しになりますが、そのためにコールセンターでの顧客対応の質や中身にこだわることが重要なのです。

お客様と直接話をする、その機会を最大限に活かすことで、既存の顧客をしっかりとつなぎとめていきます。**接触回数が増えればそれだけ販売のチャンスが増え、関係値が深まり、関係貯金（信用貯金）が貯まっていきます。**

にもかかわらず、なかには「顧客との接点をつくると、退会・解約するきっかけを

与えてしまいかねない」といったマイナス思考から、顧客とのコンタクトを怖がる業者もいます。

「下手にコンタクトを取ると、来月から〝要らない〟と言われてしまうのでは？」という恐怖感から、お客様を放置しているような業者もあるのです。

それは、大きな間違いです。そうではなく、**積極的に顧客に働きかけて接点をつくることで、お客様は満足度を高めてくれる**ことをぜひ認識してください。

ただ、間違ったアプローチや接客をしてしまうと、もちろん逆効果です。だからこそ、サブスクビジネスに慣れた、プロフェッショナルな顧客対応のできるコールセンターに任せることが重要なのです。

たとえば、私がこれまで行なってきた「単品リピート通販」における既存顧客へのサービスには、さまざまなものがあります。

商品の発送時に、印刷でなく手書きの文字で書いた感謝のお手紙を入れる。家族の属性がわかれば、お子さんのことなどにも触れてちょっとひと言添える……といった心遣いがあってもいいでしょう。

やめてしまったお客様にも、**「おかえりなさいキャンペーン」**と銘打った仕掛けで復活を促すことも有効です。「購入をやめてしまったら顧客ではない」というスタンスではなく、あくまでも**「休眠中のお客様」**という捉え方で、粘り強く働きかけを継続していくことも大切です。

「損失回避の法則」を活用した秘策

また、期間限定の割引や特典が得られるクーポンを付与することも、推奨される方法の1つです。そこには、**「損失回避の法則」**という人間の心理が働きます。

これは、**「人は与えられたものが損失するときに最も行動する」**という行動心理の法則で、何かを与えられるプレゼントよりも、すでに持っている権利を失うときのほうが行動へのモチベーションが上がるというものです。

つまり、得られる利益よりも失うことによる苦痛のほうが圧倒的に大きく、たとえば**「期限がついているクーポンがあると、それを期限内に使わなければ損」**といった心理が働きます。その心理を利用して、既存のお客様に商品の購買を促していくわけです。

こうしたキャンペーンや特典の付与などを通じて、既存顧客に対する効果的なセールスプロモーションを仕掛けていきます。

「いちごの法則」でわかるように、新規の顧客を獲得するよりも、既存のお客様を大事にしていくほうが、収益確保のハードルは各段に低いと言えます。

「まずは試してみよう」から始まる

ネット通販の利用を促していく上での最初の入口は、ユーザーに自分の名前などの属性を入力してもらうことです。入力を煩わしいと考える人も多くいますから、その行為自体ができるだけ簡単になるよう、住所の自動入力やチャット式で負担なく進められるよう工夫を加えているサイトも増えています。

また、**「まずは試してみよう」**という感覚で、最初は捨てアカウントや捨てアドレスを入れる人もいます。こうした見込み客を確実に優良顧客へとつなげていくことが重要で、そのための努力は惜しむべきではありません。

たとえば、「モノ」ではなく「コト」を売る情報提供型の会員制サービスの場合には、ＬＰを用意して、そこからメールアドレスなどをもらって「**無料コンテンツ**」を提供していくアプローチ方法があります。

提供する無料コンテンツの質次第で、その後有料会員になるかが決まるわけです。

その際に大切な事柄は、以下のようなものになります。

①できるだけ情報を登録しやすいように、ＬＰの改善を繰り返す。

②無料コンテンツの質を上げていく。

これは、ユーザーに対して質の高いコンテンツを提供し、ファン化を促していく手法で、「コンテンツマーケティング」とも呼ばれます。

価値あるコンテンツをつくり、適切なタイミングで届けることで成果を上げていく手法です。無料コンテンツの提供を通じてファン化を促し、有料会員にすることで中長期的な収益化を図ることを考えます。

たとえば、無料で質問を受け付けることで、コンテンツの量を増やしていくことや、ＰＤＦだけでなく音声や動画コンテンツを提供することなども一例でしょう。

また、ＰＤＦを提供する際には、お役立ちリンク集や一覧で使えるものなどを用意しておいて、ページ印刷によって活用してもらえるような工夫も施します。ＬＰに載せた情報は、印刷した瞬間に精読率が大きく上がることがわかっているからです。

無料登録からの導線を常に改善

こうした無料登録からの導線を常に改善していくことで、利益が数倍になるケースは普通にあることです。

また、今は**「個人情報をもらうのも無料ではない」**こともぜひ知っておくべきでしょう。つまりはメールアドレスと名前をもらう代わりに、こちらから有益なものをプレゼントするというステップを踏むのが一般的です。

ここで大事なのは、たとえ無料で提供するものであっても、価値のあるプレゼントを贈ること。この時点で、「無料プレゼントなのだから、何でもいいだろう」と手を抜いてしまうと、お客様は有料の商品をまったく買ってくれません。**無料で有益なモノや情報を得られるからこそ、「これで無料なら、有料のサービスはさらにすごいも**

のだろう」と思ってもらえるのです。

このように、まずはユーザーの「試してみよう」というモチベーションを突破口に、無料コンテンツなどの効果的な情報発信によってファン化を促すことが大事です。「損して得とれ」という古いことわざがあるように、無料提供という先行投資が、やがては長いスパンでの収益の獲得につながっていくことを頭に入れておきましょう。

モールとの効果的なシナジーを生み出そう

D2Cビジネスでは、コールセンターの活用によって、対応する顧客ごとに電話の対応メモが取れていくのが強みです。また、情報として把握している顧客のデータに基づいて、時にはオペレーターが会話の中で、上手にお子さんやペットなどの話を交えていくことがあります。

過剰になって嫌悪されない程度のトークであれば、**自分のことを知ってくれているのはうれしいもの**でしょう。そうした対応でユーザーをファン化していくことで、E

Cモールへの出店販売の際に生じるような、価格競争に巻き込まれずに済むわけです。

少し話が横道にそれますが、ではD2Cビジネスを進める上で、ECモールへの出店はどのように捉えればいいのでしょうか？

結論を言えば、モール出店による販売の「併用」は、前向きに行なって構いません。やはりユーザーの中には、Amazonや楽天、Yahoo!ショッピングなどの大手のECモールでしか買わない人が一定数います。モールでしか買わない人には、そこで買ってもらえばいいのです。

モールでの販売は、多くの手数料は取られてしまいますが、売れたらそれが確実に**収益になる**のは利点です。加えて、**大手モールで売られる商品という安心感**が、ブランディングにつながるメリットもあるでしょう。

私の商品も、自社サイトのD2C販売に比べるとはるかに少ないですが、一定額の売上がモールでコンスタントに上がっています。定価販売であり、モール手数料が生じる一方で、広告費が自社LPのようにはかかりませんから、費用対効果もそれほど悪くありません。

ただ、ＥＣモールでの販売は、何度も言うように顧客データの獲得や、Ｄ２Ｃによる顧客のファン化は望めませんから、ビジネスとしての広がりは期待できません。あくまでもサブ扱いで展開すべきで、つまりは**「併用」であることが必須**と言えます。

大切なのは、モールでの販売を並行させながらも、あくまでも自社サイトでの集客を重視することです。

そのためにも、お客様側に、自社サイトで買ってもらうことのメリットを与えることが重要です。

「割引を設ける」「返金保証をつける」「非売品のセット商品をつける」「初回キャンペーンをつける」「アンケートに答えたらプレゼントを贈る」「送料無料にする」……など、さまざまなアドバンテージを与えて、**最終的に自社サイトで買ってもらう**ことを促します。そうやって、顧客データを蓄積していきましょう。

今ではナイキやApple、Googleなども自社サイトで買うことでのメリットを設けて、Ｄ２Ｃによる販売へと誘導するような仕組みを加速化させていることも、現代のビジネスの潮流を表す証左と言えそうですね。

100億円売れる商品があれば、上場も可能

この章で紹介してきたような、顧客対応を重視したD2Cビジネスを進めていくことで、あなたの商品のファンはきっと増えていきます。

私が得意としてきた化粧品や健康食品の業界では、1つのヒット商品で100億円を超える売上を上げていく例も多々あります。そうした爆発的なヒットがあれば、たった1つの商品で株式市場へ上場することも決して不可能ではありません。

実際に、先にも紹介したプレミアアンチエイジング社は、「DUOクレンジングバーム」という単品リピート通販で、上場企業にまで上り詰めました。

こうした企業は、サブスク×D2Cモデルで売上の安定性を図り、ファンを増やしてクライアントと一緒に商品をつくり上げていくことでLTV（顧客生涯価値）を高めてきました。直接販売によって顧客からフィードバックをもらえる強みを活かして

顧客とのつながりを深め、その蓄積によって会社を上場にまで飛躍させていったわけです。

他にも、**単品リピート販売によって、サブスク型ビジネスで上場まで成長している企業は多くあります。**

実際には、「単品通販」と呼ばれる会社の多くは、その後、複数の商品を販売展開しています。それらの企業のほとんどは、最初にヒットした1種類の商品やブランドを前面に押し出して爆発的な売上をつくったあとに、他の複数商品へと規模を拡大しています。

つまり、**看板商品を軸に、その成功モデルを他の商品にも横展開して売上を拡大**させていったわけで、これも「単品リピート通販」による成功モデルと言えるでしょう。

元は名もなき新興企業も続々！【単品リピート通販】で成功した代表的企業

ここで、皆さんもきっと知っているに違いない10の企業を図にまとめました。

「サブスク×D2C×単品リピート通販」で成功した代表的企業

＊化粧品・健康食品通販の売上ランキング
※通販新聞社が毎年に発表している「通販・通教売上高ランキング」から、単品リピート通販（化粧品・健康食品通販）企業のみを抜粋

順位	企業名(※1)	年商(※2)	主力商品
1	サントリーウェルネス	83,900	セサミン
2	オルビス	29,963	基礎化粧品 / 「オルビスユー」
3	新日本製薬	27,209	基礎化粧品 / 「パーフェクトワンモイスチャージェル」
4	ファンケル	27,183	基礎化粧品 / 「マイルドクレンジングオイル」
5	再春館製薬所	24,900	基礎化粧品 / 「ドモホルンリンクル」
6	コーセー	23,309	基礎化粧品
7	シーズホールディングス（ドクターシーラボ）	21,000	基礎化粧品 / 「アクアコラーゲンゲル」
8	ディーエイチシー	19,700	基礎化粧品 / 「ディープクレンジングオイル」
9	富山常備薬グループ	19,024	第3類医薬品（フルスルチアミン、L-システイン）
10	世田谷自然食品	18,800	グルコサミン、青汁

※1　企業名：株式会社など正式な名称から一部省略。敬称略
※2　年商：単位は百万円、実質対象決算期は18年6月～19年5月期。通販新聞社の推定も一部含む。それぞれ同ランキングに掲載されていた上位85社から、化粧品・健康食品の売上を合算して算出
（出典）通販新聞社「化粧品・健康食品通販売上高ランキング」（2019年12月）を基に作成

これらは単品リピート通販のビジネスモデルで成功した代表的な企業ですが、この中のいくつかは、元は名もない一介の新興企業に過ぎませんでした。

それが、社会的意義のある成功を収め、同時に多くの顧客に愛される健康商品を世に送り出しています。

そうした夢が持てるのが、この**【サブスク×D2C×単品リピート通販】**です。実業としての価値の高さを伴う、夢のようなサクセスストーリーを築いていくことができる、リアルなビジネスと言えます。

第7章

単品通販ビジネスの利益を10倍にする秘訣

販売の自動化を実現するカートシステム

第6章で書いたように、私はコールセンターの代表をしているのですが、初めて自社のＥＣショップをオープンしたお客様から、「やることが多くて大変です」という感想をよくいただきます。

商品のＬＰをつくることに始まり、決済システムや在庫管理システムを導入したり……。確かにやることが多くて面倒かもしれません。

そもそも、タスク別にそれぞれ異なるプラットフォームのツールを使うのは、個々の契約の更新やログイン画面、パスワードの管理なども非常に手間だと思います。けれども、実はそうした仕組みをそれぞれ整備していく必要はありません。単品リピート通販に関する一連の業務をすべて一元管理できる、非常に便利なツールがあるからです。それが、**「カートシステム」**です。

カートシステムとは、インターネット上で商品を販売するための仕組みで、別名「ショッピングカート」や「ＥＣカート」とも呼ばれます。

カートシステムに備わっている機能は、購入の際に商品をカートに入れることだけではありません。自動課金や発送データの取り込みなどをすべて1つのカートツールで行なうことができ、顧客対応に関してもコールセンター用、発送は物流会社へなどすべて外注が可能です。つまり、EC販売において必要な事柄をほとんどすべて代行してくれるもので、私が「1人」で売上10億を達成できたのも、このシステムのおかげです。

カートシステムには通常次のような機能がついています。

◎受注管理
◎決済管理
◎顧客管理
◎在庫管理
◎ステップメール機能
◎ランディングページ作成機能
◎アップセル機能

◎クーポン機能
◎分析機能
◎サポート体制　……などなど。

これらの機能をすべて備え、「販売の自動化」が実現できます。つまり、1人で売上を増やしていける大きなアドバンテージが得られるわけです。

ちなみに私がおすすめしているカートシステムは、上場会社が運営するサービスで、大きなデータ処理の容量であっても、サーバーが落ちることはまずありません。そうした点でも、やはり大手企業が運営するサービスを優先して選択すべきだと考えます。

カートシステムを導入する4つのメリット

カートシステムを導入するメリットは大きく4つあります。

①人為的なミスの削減

数字の入力を間違えた、顧客との会話をメモしておかなかった……。そんなミスによるトラブルを「情報の一元化」で防ぎ、効率化や顧客満足度UPが実現できます。

②受注に関する手間の省略

受注管理が複雑になると手間がかかり、人件費が増えます。受注に関する業務を一括管理できるため、工数を大幅に削減することができます。

③紙などの消耗品にかかるコストの削減

今でもFAXでの受発注を行なっている業者が多いようです。紙と言っても、お客様への手書きの「サンクスレター」などは有効な方法ですが、それ以外の事務的な書類はシステム上でペーパーレス化したほうが、コストの削減になります。

④オーダー入力途中の離脱を防ぐ

オーダー画面の入力途中で離脱することを防ぐための機能も重要です。たとえば、今はスマホで購入して決済する人が多くいますが、カートへの入力途中に友人からメールやLINE、電話がかかると中断し、そのまま離脱してしまう人が少なくありません。

それを防ぐために、今は短い時間で手軽に入力が終えられるカートシステムが主流であり、おすすめです。

まだまだある、カートシステム導入のメリット

カート会社は、与信管理の機能も有しています。電話番号に個人情報が紐づいていて、わずか1秒でその人の与信判断ができ、リスクのある人は後払いを受け付けないといった判断をします。そうしたリスク管理の機能も、カート会社は有しています。

さらに、周期やコースの変更やポイントの付与、配送先の変更や返品管理、メールの返信などをすべてロボットで行なうことも可能で、それが、RPA(Robotic Process Automation)というツールです。

RPAは、コンピューター上で行なわれる業務プロセスや作業を、人に代わって自

動化する技術で、周期の変更やポイントの付与なども容易に行なうことが可能になります。定期的にタイムリーにメールマガジンを送る自動化設定など、24時間稼働してくれるＲＰＡツールを活用して、人手を取られずに顧客満足度を上げていくことができます。

ちなみに当社は、10個のロボットを入れて顧客管理やサービス提供を行なっていますが、1個当たり月に数万円のコストだけで、ＲＰＡツールを活用したソリューションの導入が可能になっています。

プレゼントや支払い方法の変更、配送周期の変更、返品処理など、ＲＰＡというロボットが行なってくれるので、経営者はやるべきことに専念できます。

今や、人が行なうルーチン業務はすべてロボットができる時代です。それによって90％以上の業務を短縮することができるのですから、利用しない手はないでしょう。

ＡＩ主流の今、**日常的なルーチンワークは、今後ＲＰＡの処理によるものが増える**と言われています。24時間３６５日にわたって、自分の手を取られることなく、それらの業務を進めていけるようになります。

カートシステム&RPAを導入するメリット

カートシステム&RPAを導入すると……

EC通販の運営業務を自動処理し、
作業時間を**90**%以上短縮、
処理件数を**300**%以上アップできる。

作業時間の短縮例

導入前 2時間／日 ▶ **導入後 10分／日**

処理件数の向上例

導入前 200件／日 ▶ **導入後 700件／日**

単品リピート系

- 定期の解約
- **お届け日、周期の変更**
- 定期のスキップ
- 定期コース再開
- 定期コース変更
- **アップセル処理**
- クロスセル同梱処理
- **与信NG対応**

EC業務全般

- 受注処理
- **返品処理**
- アフィリエイト承認
- 不正注文チェック
- 重複顧客の確定処理
- ポイント、値引き処理
- 在庫管理、在庫予測
- **お問い合わせメール対応**

集計関連

- 電算督促リスト出力
- LTV、CPO集計
- カスコンデータ集計
- 月次収支集計
- 営業リスト作成
- **広告媒体費用集計**
- 日報作成

AI

学習や判断ができる

- 膨大なデータベースを元に、人工知能が自ら判断、作業を指示する。
- 人間の「**頭脳**」の代わりになる。
- **業務の見直しや最適化も提案できる。**

RPA

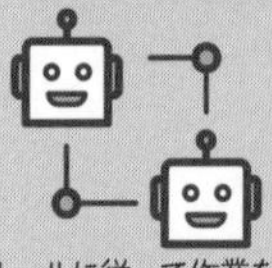

定型作業が得意

- ルールに従って作業を繰り返す。
- 自ら判断はしない。
- 人の「**手足**」の代わりになる。
- **ルーティンワークが得意。**

支払い方法を増やすと、LTVが大きく変わる

あなたは通販を利用するとき、どんな代金の支払い方法を選択していますか？　クレジットカードですか？　コンビニエンスストア払いですか？　それとも配送時の代引きかもしれませんね。

ネット通販の場合、支払い方法の割合は統計的な割合が出ていて、クレジットカードが3割、商品到着後の後払いが6割、その他の方法が1割です。ちなみにテレビ通販の場合は極端で、クレジットカード払いは1割に過ぎず、それ以外の9割は後払いという割合になっています。

けれども、「商品購入者にどの支払い方法を選んでもらうべきか？」は大きな問題ではありません。サービスを提供する側にとって大切なのは、**「ユーザーに対してできるだけ多くの支払い方法（決済方法）を用意してあげる」**ことです。

言うまでもなく買う側にとっては、支払い方法が多いほうが利便性が増すことで、購入のモチベーションは上がります。

ちなみにネット通販においては、クレジットカード払いが顧客のＬＴＶを最も大きくすると言われています。ただ、繰り返しますが、クレジットカード払いだけでなく、可能な限り多くの決済方法を用意することが重要です。商品を買うというプロセスにおいて、購入者に何らかのストレスを感じさせてしまうと、もはや勝負は負けなのです。

消費者に現金を見ないで買わせる工夫

人は現金を財布から抜き出す際に、金額の大小にかかわらず、いろいろな気持ちが頭の中を駆け巡ります。

「このお金が財布からなくなるのは惜しいかも？」

「これって本当に買うべき？」

その結果、購入をためらってしまう人は少なくありません。

ですから、できるだけ消費者に現金を見ないで買わせる工夫を、商品提供側は考えるべきなのです。

毎月の公共料金や携帯電話の料金でさえ、業者はクレジットカードや口座からの自動引き落としをすすめてきますよね。クレジットカードで公共料金を支払う設定をしてくれた場合には、ポイント付与などの特典を用意して変更を促す業者も多々あります。

もちろん、効率的に集金や売上回収ができる点が第一ですが、消費者に「余計な」思考を生じさせることなくお金を使ってもらうための方法を促すという面もあるのです。

通販の場合、**クレジットカードによる支払いだとＬＴＶも高くなります**。

そのため、初回に支払い方法を選択してもらう際に、「カード払いに変更してくれたら５００円の割引」をつけたり、「プレゼントを贈る」などの工夫をするといいでしょう。

できるだけ支払い方法の種類を増やすとともに、ユーザーが「お金を見る」機会を減らすこと。コールセンターとのコンタクトが生じる際に、支払い方法の変更を促すアナウンスを行なうなど、ＬＴＶを上げていくための努力をしていくことが大切です。

Amazonに慣れている人は待てない

数億種類もの商品を取り扱う、ネット通販の巨人「Amazon」。ユーザーが手にするメリットはいくつかありますが、購入後の配送の速さに驚かれる人は多いでしょう。Ｗｅｂの画面で購入手続きをしたあと、最短で翌日に届く商品はもはや珍しくありません。お店に行く手間が省けるどころか、直接買うよりも早く商品が手に入るのですから、誰しも利用するのは当たり前でしょうね。

このように、日頃からAmazonなどの大手ネット通販を利用している人は、翌日や翌々日到着が当たり前の生活習慣にどっぷり浸かっています。それ以上の日数がかかる配送ではストレスを感じて、オーダーにも二の足を踏んでしまう可能性があります。

つまり、**最短の日数で届けるための物流システムの充実**は非常に重要です。

この点も、カートシステムが持つ物流機能の優劣に委ねられることになりますから、どのカートシステムを選ぶかという際には、こうした視点を重視することも大切です。

配達時の不在問題＆再配達コストを、どう解決するか？

ネット通販では、物流システムの優越性が売上にも直結してくるわけですが、商品配送においてもう1つネックになるのが、**配達時の不在の問題**でしょう。

なぜ定期通販のビジネスモデルが求められているのか？　それは、世の中の女性が忙しくなっているという背景があるからです。忙しいからお店に買いに行く時間が取れず、ネット通販での定期購入を利用するわけですが、一方で忙しいからこそ家にもいないわけです。結果的に、送られてきた荷物が不在のため受け取れない……というジレンマに陥ります。

つまり、せっかくの商品配送も不在配達となって荷物がユーザーの手に届かず、物流業者もしくは、サービスを提供するあなたの元に戻ってしまうわけです。

通販ビジネスの場合、商品を購入者に送れば無事に届き、代金も回収できる…と考えている企業が多いのですが、決して**「送って終わり」ではありません。**当たり前のことですが、実際に注文したお客様の手元に届くことで、初めて売上になります。

このときのネックになるのが、商品配達時の不在であり、それに伴って生じる再配達のコストです。

参考までに、**都市部と地方の再配達率**を図にまとめてみました。

ご覧になってわかるように、かなり高い数字になっているのが見て取れます。都市部の再配達率は実に16％超。**6人に1人は不在**で、倉庫から荷物が出荷されても手元に商品が届いていないのです。

もしもメーカーであるあなたのところに戻ってきてしまった場合には、顧客に確認してキャンセル処理をするか、もう一度送る必要があります。いずれにしても送料や**オペレーションコスト**が余計にかかります。

これは経営的にも、ボクシングのボディーブローのように、ダメージがじわじわと効いてきます。このリスクを低減していくための工夫がやはり必要になってくるわけです。

都市部と地方の再配達率

	2020年10月			（参考）2019年10月（前年同月調査）		
	総数	再配達数	再配達率	総数	再配達数	再配達率
都市部	990,957	115,631	11.70%	839,143	139,158	16.60%
都市部近郊	1,559,643	175,134	11.20%	1,325,342	189,901	14.30%
地方	150,202	16,487	11.00%	130,910	15,080	11.50%
総計	2,700,802	307,252	11.40%	2,295,395	344,139	15%

都市部で６人に１人が不在。
このリスクをどのように解決するか？

再配達問題を一気に解決する秘策

お客様に「自宅の不在時間を減らしてください」とは言えませんから、あなたのほうで商品に工夫を加える必要があります。

たとえばその1つが、「ポストインが可能な商品や梱包方法への改良・改善を図る」ことです。

Amazonが同様のリスク低減のために「置き配」の拡大を進めていますが、あなたのビジネスのメリットは単品リピート販売です。

「商品設計の際に、あらかじめポストに入る仕様にする」ことで、配達率を大幅に改善することができます。

配達率が5%改善されれば、仮に月間1億円の売上がある商品であれば、500万円の売上の増加が見込まれます。さらにオペレーションコストの減少も加味すれば、年間で5000万円を超えるようなインパクトがあります。

商品をポストインが可能なサイズにしたり、商品が小さなものであれば、「ゆうパケット」や「ネコポス」などの郵送方法を選択するほうが確実に届く場合もあります。同時にオペレーションコストも大幅に下がります。

もちろん、商品の形状としてポストインの設計が難しい場合はあるでしょう。その場合はやはり、物流の仕組みについて検討する際に、商品配送の際に生じるさまざまなリスク要因を想定しながら、それに細かく対応してくれる業者を選ぶべきです。

今やネットで購入して、2～3日後に出荷というのでは対応が悪いとされ、遅くとも翌日には出荷する対応をしなければ顧客は離れていきます。

「でも、別にAmazonと競うつもりはないし……比べなくてもいいのでは?」などと言っているようでは、きっと先はありません。

あなたのライバルは確かにAmazonではないでしょう。しかし、**あなたが相手にするのは、当日発送・翌日到着というAmazonの速さを日々当たり前と感じている、手ごわいユーザー**であることを忘れてはいけません。

らくらく在庫管理で、投資コストが大幅ダウン

ネット通販において、在庫管理は重要な問題です。余剰在庫を抱えてしまうと経営的な重荷になり、一方で在庫切れが頻繁に生じるようだと、せっかくのお客様を取り逃してしまいます。これは通販ビジネスにとっては致命的な機会損失で、そのお客様は二度とあなたのサイトに戻ってこない可能性もあります。

つまり、効率良く適切に在庫をコントロールすることは、顧客を確実につかみ、継続的に売上を伸ばしていくために欠かせない要素です。

ただ、まだまだマンパワーが足りないスタートアップ期に、自社で日々の細かな在庫管理や在庫調整を行なっていくことは現実的には難しいでしょう。

だからこそ、**入出荷や在庫管理を自分たちで行なうのではなく、アウトソースを活用する**アプローチが必要なのです。

自分で予測・管理するより正確で安心

外注業者が持つカートシステムには在庫管理の機能があり、付帯のシステムによって、物流から配送までを一元的に管理していくことが可能です。

ですから、あなたが在庫管理や物流の仕組みを一生懸命勉強し、ノウハウを構築していく必要などありません。手書きで配送伝票を書いたり、エクセルに必死に入力して在庫管理表をつくったものの、気づいたら倉庫の数字がまったく合わなくなっていた……なんて落胆する必要もないのです。

カートの在庫管理システムを活用することで、手動で在庫管理をする必要がなくなり、業務の生産性が大きく向上します。いつどれだけ売れて、今何個在庫があるのかといった正確なデータが、すべてシステムで把握できるようになります。

加えて大きいのは、**今後どのくらいの在庫を備えておくべきかを、データに基づいて予測できる**ことです。

最新の新規受注の数と解約の数から、直近で必要な在庫数を、既存顧客の対応分も含めてシステムで予測できます。ネット通販を行なう上で欠かせない受注処理、注文確認メール、発送メール、出荷指示などの作業もシステムで自動化されますから、あなたは何の心配も要りません。くどいようですが、**あなたに在庫管理や物流の専門知識は必要ない**のです。

ましてや単品リピート販売の場合、商品は1つですから管理はいたってシンプルです。1つの商品だけに注力しつつ、どれくらい売りたいか、またはどのくらい売れるのかという「安全在庫」の数をシステムが判断し、足りなくなりそうなら発注アラートがかかります。

相応のリードタイムを見越した上で、商品がタイムリーに入ってくるようなイメージで在庫管理が進んでいきますから、あなたはシステムが知らせてくれる発注の決断を、その都度行なっていけばいいだけです。

システムにできることはシステムに任せ、あなたにしかできないことをやる

今後のビジネスを見据える上で、何がどれくらい売れそうだということがあらかじめわかるのが、【サブスク×D2C×単品リピート通販】の「先の読めるビジネス」としてのメリットです。

商品の入荷から在庫数の管理、受注後の出荷など、一連の流れをカートシステムとともにアウトソーシングすることで、その作業負荷は飛躍的に軽減されます。

それによって生まれた時間を、経営者であるあなたしかできない業務に費やすことをぜひ考えましょう。

積極的にアウトソーシングしたほうがいい理由

これまで各章を通じて、「単品リピート通販」で成功する秘訣について解説してきましたが、ここまで読んでくださった皆さんは、あることにお気づきではないですか？

「あれ？　ひょっとして仕事や作業の大部分をアウトソーシングしてる？」

「自分でやることって、ほとんどないのでは？」

そんな印象を抱いておられる方は、きっと多いのではないかと思います。

そうなのです。この単品リピート通販は、すべて自分（自社）でやろうとせずに、外注先を活用してプロに任せることが、成功のカギと言えるビジネスなのです。

当社はもともと、「利益率の高いビジネスしかしない」と決めています。つまりは、**固定費がかからない、リスクの低いビジネス**です。

なぜなら、売上は急激に増減しますが、売上を伸ばすために採用した社員の人件費や事務所などの固定費は、売上がどうなろうと変わりません。売上を伸ばす過程で積み重なっていくコスト（固定費）は、売上の増減に合わせて直ちに変動させることができないのです。

このリスクは非常に重要で、仮に売上が下がったときに、固定費はすぐに減らせませんから、事業が一気に赤字化してしまうリスクをはらんでいます。

ですから、人件費などの固定費を最小限に抑えながら、大きな売上を狙える「利益率の高い」ビジネスをすべきだと考えています。

そのために必要なのが、**業務のアウトソーシングであり、単品リピート通販はそのメリットを最大限に活かしたビジネス**なのです。

自社で何をやって、何をアウトソーシングするか？

逆に言えば、経営者であるあなた自身は、実際的な作業のプレーヤーである必要はありません。自社でやるべきことを決めて、その他の仕事は基本的にアウトソーシングします。

では、**何を自社でやって、何をアウトソーシングするのか？**

これまで解説してきた単品リピート通販の大まかなビジネスの流れを示すとともに、自分でやる部分と、外注する部分を次ページの図で示してみました。

つまり、この中で「自社」マークがついている部分だけを自分でやります。

自分で全部の仕事をする必要はなく、人に任せて**「大事なところ」だけを行なう**イメージです。

それぞれの段階でプロフェッショナルがいて、その行程は専門のノウハウに委ねて任せていけばいい。あなたはあくまでも、全体を見ているオーナーで、最低限のルールだけ知っておけば十分なのです。

単品リピート通販のビジネスの流れと自社・外注区分

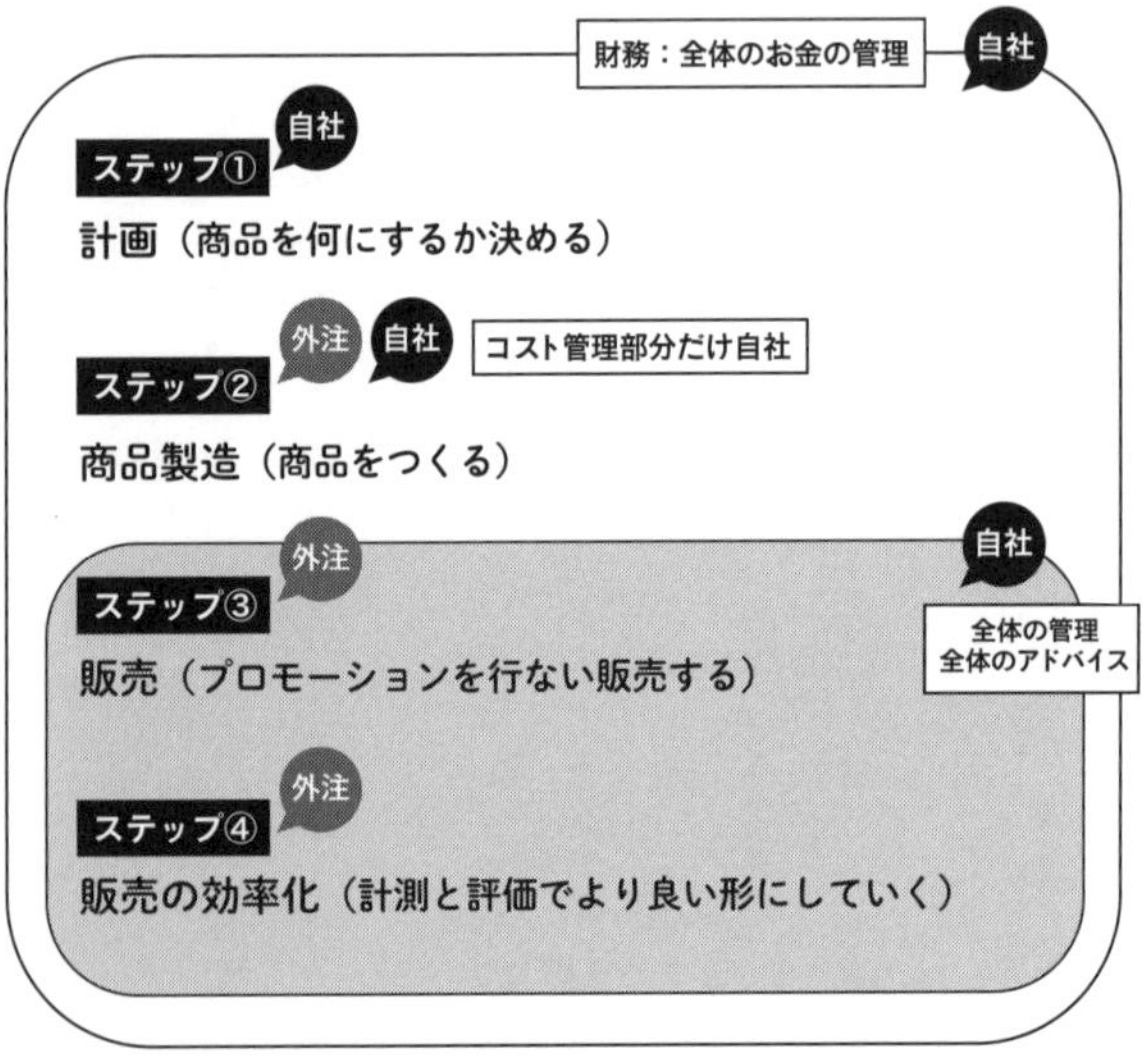

「自社」マークがついている部分だけ自分でやる。

経営者が押さえておくべき4つのエッセンス

ではここで、その中でも経営者であるあなたが特に知っておくべき4つの事柄について、あらためて整理してみましょう。

①収益を上げるための広告の種類を知っておく

単品リピート通販は、広告費をかけることで売上を最大化できるビジネスです。どのような広告で収益を上げていくかは、ＡＳＰ（アフィリエイトサービスプロバイダー）と呼ばれる広告代理店に任せればＯＫです。

ただし、ただやみくもに丸投げしてしまうのはさすがにリスクが大きいでしょう。最低限の広告の仕組みや種類を理解していなければ、結果的に広告代理店などにカモにされてしまうこともあり得ます。

広告費が高騰していると言われる今、どの広告にどれくらいかけるかによって売上は大きく変わってきます。コストパフォーマンスを考え、より効率的、効果的なマーケティングの手法に基づいて広告を出稿していかなくてはなりません。

パートナーとなるアフィリエイターが、どの広告にどれくらい出稿する予定であるのか。それを把握した上で、その意図についてもきちんと説明を受けておきましょう。

ASPなどの広告代理店に対して、あなたに広告の知識があると思わせることは、仕事に対していい緊張感を与える意味でも重要です。


【広告の種類】

・ディスプレイ広告＝興味のあるサイトに広告表示：目的は認知
・検索連動型広告＝キーワードに連動して広告表示：成約を獲得しにいく広告
・リターゲティング広告＝一度ページにきたユーザーへ表示：再認知・思い出させる
・アフィリエイト広告＝成果報酬型広告：欲求を高めて購入へと誘導する

スマホの高速化によって、YouTubeなどの動画広告も増えています。認知を高める広告と、直接成約を狙うものなど構成の方法はさまざまです。

利益を最大化するために、それぞれの広告の目的を明確にした上で、必要な分担を考えておかなければなりません。

最終的にいかに効率良く収益を上げていけるか。そのために、どの広告にいくら予算を振り分けるのが最適なのか、最終的な判断を行なうのは経営者の仕事です。

②利益の最大化にはLTVを重視する

単品リピート通販における利益は、次のような式で算出されます。

利益＝〈（LTV×0・7）－広告費〉×獲得件数

つまり、利益を最大化するためには、

◎LTVを上げる
◎広告費を下げる
◎獲得件数を増やす

この3つを達成できると、利益が最大化します。

ここで、最も注目したいのはLTVの値です。

LTVが高い企業であれば、広告費に投下できる金額が大きくなります。そのため、広告費を投下することでさらに獲得件数が増えるという好循環が生まれ、利益が伸びていく仕組みになっています。

今、**サブスク型ビジネスでは、このLTVをいかに伸ばすかに注力することが最も重要**とされています。

LTVの最大化には、これまで説明してきたように、D2Cの中で顧客の意見を吸い上げ、それをサービスや商品に反映することが大切です。その役割を担うのがコールセンターであり、どのようなコールセンターをチョイスするかが、経営者であるあなたに必要なセンスとなります。コールセンターでLTV140%が実現できれば、利益は20%以上の増加となります。

③質の高い在庫管理で、顧客ニーズに応える

先のページで触れた点ですが、在庫管理を細かく行ない、品切れをつくらず、円滑

な物流によって顧客に速やかに商品を届けることは重要です。

在庫切れで販売チャンスを逃してしまうのはもちろん、逆に余剰在庫を抱えてしまうと、経営を圧迫します。在庫が極端に少なくなったり、逆に余ってしまうことでさまざまなデメリットが生じます。

こうしたリスクを回避するために必要なのが、ネット通販用の在庫管理の仕組みを有するカートシステムの導入です。

また在庫管理の裏付けとして、今後の受注数の見込みや売上の見通しなどが明確にデータ化されていくこともメリットです。将来的な売上見込みや顧客獲得数など、今後の事業の成長性が定量的に把握できることから、たとえば金融機関への融資申し込みの際にも有利な資料になり得ます。

さまざまな機能や特長を持ったカートシステムがありますので、導入に際しての選択はじっくり検討することをおすすめします。

④ＬＰ（ランディングページ）を検証・改善していく

ＬＰは商品を探し求めるユーザーが、最初に着地するページです。そこでどのような印象を与えるかはとても大事です。「単品リピート通販」の売上を上げていくために、LPの中身がどのようにつくられているかは、きわめて重要な要素となります。

LPの制作と運営についても、ASP業者としっかり連携を取りながら、絶えずPDCAを回しながら中身の検証・改善を行なっていく必要があります。

単品リピート通販は言うまでもなく、LPのコンバージョン（成約）率が、成否に多く影響していきます。コンバージョンが5人に1人といった高確率になってくれば、「売れる商品」ということで、新たなASP代理店がどんどん参画してきます。つまりは、あなたの商品を売ってくれる人が断続的に増えていきます。

コンバージョンの成約率が高ければ、広告出稿の単価も安くて済みます。1人のアフィリエイターが扱う商品よりも、100人が扱う商品のほうが売上規模も大きくなるのは明白です。その相乗効果でさらに人気が出て、売れていきます。そうした好循環によって、爆発的なヒットの波に乗っていくわけです。

LPの初期制作やその後の検証・改善には、経営者であるあなたも積極的に参画すべきでしょう。DXなどの専門知識などなくても大丈夫。1人のユーザーになったつもりで、LPを構築・運営していくためのPDCAをガンガン回していってください。

優良顧客をロイヤルカスタマーへと育てていこう

この章のテーマである「利益を10倍にする秘訣」を、単品リピート通販における「ビジネスの仕組み化」の切り口の中でここまで解説してきました。

固定費をかけず、アウトソーシングを効果的に使うことで、利益率の高いビジネスとして昇華させていく。そのために整備すべき仕組みについて紹介してきました。

しかし、利益を10倍にするために最も重要なのは、商品を買ってくれるお客様一人ひとりの満足度を上げていくことに他なりません。抽象的な言い方になってしまいましたが、つまるところ、一人ひとりのお客様により多くの商品を買ってもらう。いわゆる「客単価と購入回数を上げる」ことが重要です。

言い換えれば、**従来のお客様を優良顧客へと引き上げ、さらにワンランク上のロイヤルカスタマーへと導いてあげる**。それには、クライアントにいっそう密接に向き合い、より多くの商品を購入してもらえるようサービスの純度を高めていくことです。

単品で始めた通販ビジネスも、それが軌道に乗っていくと、たとえば商品の種類がいわゆる化粧品から美容液、乳液……と多彩になっていくことは当然考えられる成長戦略です。

そこで既存のお客様に、他の商品のセールスプロモーションも仕掛けていきます。その場合も、あくまでも単品勝負のメイン商材の立ち位置は崩すことなく、他の商品はあくまでも付加価値としてすすめていくことが重要です。

それを大事にしながら、優良顧客、さらにはロイヤルカスタマーへとお客様のポジションを上げていくようプロモーションを促すのです。

「3回」という基準クリアをする工夫

そこで大事なのが、ＣＲＭ（Customer Relationship Management）と呼ばれる手法です。これは**「顧客関係管理」**や**「顧客管理」**などと訳されるもので、あくまでも顧客を中心に考えてビジネスを展開し、利益の最大化を目指すマネジメント手法を表します。

気に入って使い続けてもらうためには、**CRMによって、使い方やサービスの充実などを提供し続けなければなりません。**

今、多くの企業でCRMの部署が新設されていて、サブスクリプション型のビジネスを促すものとして、今後は市場でも主流になっていくと思われます。顧客満足度が高くないサービスや商品は、永続的に購入・支払いを続けてくれるはずがないからです。

良いものをつくっているだけで売れる時代は、もうとっくに終わっています。ブランディングの究極の目的は、**相手に「ブランドのファン」になってもらう**こと。ブランドのファンになってもらうということは、双方向の感情のキャッチボールが伴わなければなかなか成り立ちません。

つまり、

認知→会員登録→お試し→継続使用→優良顧客→ロイヤルカスタマー→口コミ→紹介

という過程を通して、ロイヤルカスタマーになる層から遡って設計していくことが大切です。

利益を10倍にしていくには、新規会員の獲得はもちろん大切ですが、

会員→優良顧客→ロイヤルカスタマー

のプロセス部分に注力することが重要で、何度も使ってくれる方へ特別待遇などを提供して、ロイヤルカスタマーへと引き上げていきましょう。加えて、口コミや紹介をしてくれた人にメリットを与えるような仕組みをつくるのです。

1回目が「お試し」、2回目は「もう1回試してみよう」、3回目は「いいな！」、4回目以降は「続けて使おう」――という流れです。

3回目までクリアできれば、あとは習慣化して、ずっと続けてくれる良いサイクルができあがります。

大手の企業は、この「3回」をクリアすることの重要性をよくわかっているので、「3カ月無料」や、「3カ月間のキャンペーン価格」などの特典をつけて、まずはトライアルで提供し、気に入ったら続けてもらうという形でサービス提供をしています。

1カ月では習慣化しません。1カ月無料だとそこで止めてしまいます。でも3カ月

続いたら、ユーザーはそれが習慣になります。「3カ月無料」でお試し用にハードルを下げて、実際に使い始めることによって便利さを知ってもらい、継続してもらう流れをつくりましょう。

その意味でも当社では、3カ月＝90日間ほど続けてもらえれば、プレゼントを差し上げます、というアプローチを行なっています。

そして、90日間が終わった段階で電話をします。

「いつもありがとうございます、お得なキャンペーンで1年続けませんか？」と案内するわけです。すると15カ月に期間は伸びるわけで、「その間、ぜひ続けてください。割引させていただきますから」と誘導します。

当社としても長いスパンでの売上が読め、お客様のほうも、担当者がわざわざ電話までしてくれたと感激して続けてくれます。

このようにメールだけでなく、実際に電話をして直接話すことで、継続することのメリットを案内していくのも有効な方法の1つと言えるでしょう。

単品リピート通販では、既存の顧客をいかに育てていくかが大事で、お客様との接触を恐れていたらいつまで経っても優良顧客にはなりません。積極的に接点をつくっていきながら、優良顧客をさらなるロイヤルカスタマーにしていくことが重要なのです。

ＩＴやＤＸを駆使して売上を上げていくのが【サブスク×Ｄ２Ｃ】ビジネスですが、実はそのプロセスにはこうしたウェットな関係性に富んだ、アナログな要素があることをぜひ知ってほしいと思います。

ロイヤルカスタマーへと導いていくのは、人と人とのリアルなコミュニケーションによるアナログの力です。感情に訴えるエモーショナルな接点をいかにつくっていくかが、優良顧客をロイヤルカスタマーに育てていくための秘訣と言えます。

第8章

「D2C×サブスク通販」ビジネスの落とし穴

いい商品が必ず売れるわけではない

ものづくりの職人さんがよく口にするセリフがあります。

「いいものをつくっていれば、必ず売れる」

確かにそれは間違いではなく、いいものでなければ広く売れていかないのも事実でしょう。

けれども、「いいものであれば必ず売れるか？」と言われれば、決してそうではありません。

これはものづくりに携わるメーカーが陥ってしまいがちな勘違いで、マーケティングの観点から言えば、商品が良いからといって必ずしも売れるわけではないのです。

商品が良ければ、消費者はきっとわかってくれるはず……というのは、**作り手のおごり**とさえ言えます。「良いもの」と思っているのが自分目線であるなら、なおさら勘違いのもとでしょう。消費者の視点を無視して商品を売ろうとしても売れるはずもなく、そのビジネスは決して成功にはつながりません。

あくまでも、**ユーザー目線に立った商品の売り方にこだわっていく**ことが重要で、決して売り手の独りよがりにならないことが大事です。その意味でも、買い手の視点に立った上での気をつけたい「売り方」についてここで解説します。

◎商品のオファーは3つまで

商品を売りたいときには、多くても3つまでの組み合わせにすることが有効です。それ以上は買い手も混乱してしまい、結局買わない理由を与えてしまうだけです。

たとえば飲食店でも、料理のコースメニューは松竹梅のような3つに限定しているところが多くあります。**人間は1つでも不明なもの、頭に入ってこないものがあれば、選択すること自体を止めてしまいます。**

レストランのランチコースも、AからCの3つであれば選んでもらえますが、そこにDが加わって4つになると、お客様は思考回路が寸断されて選ぶことを嫌悪してしまうのです。

「バリエーションが豊富なほうが好まれる」と考え、商品の種類を増やそうと選択肢をつくりすぎると、かえって売上が下がるのはよくあることです。単品であればシンプルこの上ありませんが、セット売りなどを考えるときも、3通り程度のラインナップにとどめておきましょう。

◎販売する前に正解を考えてしまうのはNG

物事に仮説を立てて考えるのは大事なことですが、仮説を正解と思い込むような独りよがりの思考は禁物です。何がヒット商品になるかという正解が、販売前にわかることなどあり得ません。あくまでも市場に謙虚になるべきで、「○○に違いない」という高飛車な思考は、結果的に自分の首を絞めてしまいます。

私がこれまで世の中に出してきた商品はすべて、年間10億円以上の売上がありますが、それはお客様の反応や反響を見ながらデータ化し、それを活かして改善し検証していくPDCAを高速で繰り返してきたからこそなしえたものです。

答えはお客様の行動と思考にあり、それに近づけていくことで正解が得られます。つまり、何カ月も商品企画に時間をかけて市場に出すよりも、まずは市場に投入し、ユーザーの反応とフィードバックをもらった上で検証と改善を繰り返していくことで、ヒット商品が生まれる確率が格段に上がるわけです。

◎A／Bテストを活用する

マーケティングには「A／Bテスト」というものがあります。インターネット上のWebサイトやLPを最適化するために実施するテストの1つです。

キャッチコピーを変えたり、画像を変えるなど、特定の要素を変更したAパターン、Bパターンを作成し、ランダムにユーザーに表示し、それぞれの成果を比較検証します。「A／B」とは言うものの、3パターン以上でテストすることもあります。

そしてテストの結果、成果の高かったパターンを実装していくことで、LPのクリック率やコンバージョン率が向上していきます。

自分ではAが良いと思っていたけれど、Bの反応が良ければ、正解はBとなります。

A／Bテストを繰り返し、常に最適化を図っていくことで売上アップや利益の最大化につながります。

「自分にとっての良い商品が必ず売れるわけではない」という考えを肝に銘じ、キャッチコピーを変えてみたり、オファーの切り口を変えてみるなど、検証を重ねていきましょう。地道ではありますが、これを繰り返していくことが、ビジネスの成功の力ギとなります。

◎売れない商品は深追いしない

市場に投入してみて、3カ月程度の期間で、商品の売れ行きや継続率を見ていきます。そのとき、**売れない商品は損切りしてでも止める**勇気を持ちましょう。

「これは良い商品だから、やがて必ず売れるはず」と深追いする人をよく目にします。商品に自信を持つことは必要ですし、粘り強く売っていくという姿勢自体は大事ですが、深追いしてはダメなのです。

あなたの自信や判断ではなく、あくまでもお客様の判断がどうであるかが肝心です。お客様、つまりは市場にダメと判断されたものは決して売れません。そのことを速やかに自覚して、損切りしてでも止めるべきです。冷静な判断が重要で、何度も言いますが、自分にとっての良い商品が必ずしも売れるわけではないことを忘れないでください。自分本位、独りよがりになっては、このビジネスは決して成功しません。

ただし、その判断を感覚値だけで行なうのは禁物です。たとえば、販売続行か中止か、それを判断するためのデータを、マーケティングのパートナー会社や広告代理店からもらうといいでしょう。こうしたデータもマーケティングのデータとして定量化されていますから利用すべきです。商品に固執せず、柔軟な思考と発想で市場にしっかりと目を凝らしておくことが大切です。

【サブスク×D2C×単品リピート通販】ビジネスのイニシャルコストは、どれくらい？

本書で紹介している【サブスク×D２C×単品リピート通販】のビジネスにおいて、イニシャルコストはどの程度の額を考えておけばいいのでしょうか？

結論から言うと、販売開始までの初期投資としては**３００万〜４００万円**の資金は必要だと思っておいたほうがいいでしょう。

もちろん、大きな投資が必要ないのがこのビジネスのメリットなのですが、無理をして過度に少額で始めようとすると、「元を取ろう」という小さな感覚になってしまい、ビジネスの成功確率が落ちてしまうことが少なくありません。

ハイリターンが望めるビジネスではあるものの、「少ないお金で一発当ててやろう！」というようなギャンブル感覚で始めるものではありません。ある程度のイニシャルコストを準備しなければ、勝てる勝負も勝てなくなってしまいます。

イニシャルコストとしては、ＯＥＭ企業と連携して行なう**商品の設計・開発費**および、**ＬＰの制作費**が必要です。さらに、**初期の広告費**の資金は不可欠です。こうした資金を鑑みて、先述した程度の初期投資はやはり必要であると考えたほうがいいでしょう。

逆に言えば、それらの要素を備えるだけで、あなた自身はマーケティングの素人でも構わないのがこのビジネスの特性です。良いアウトソーシング先とパートナーシップを組むことで軌道に乗せることができるのが、単品リピート通販です。

コストを抑えて始められるサブスクビジネスがある

もしもどうしても少額でスタートしたいなら、**汎用シールなどを使って１００個程度のトライアル商品をつくってみて、市場の反応を見る**ところから始める方法もあります。

さらにハードルの低いスタートの仕方としては、**会員制ビジネス**や**コミュニティ運営を提供していくサブスク販売**の方法もあります。

これはモノづくりのコストがかかりませんから、リスクは非常に小さくなります。もしも、あなたが副業で単品通販ビジネスをやろうと考えているなら、このコンテンツ系サブスクから始めてみるといいかもしれません。

第2章でも少し触れましたが、私が最初に始めたビジネスは、限られた人たちを相手にした、中国語を教えるコンテンツ商材の提供でした。こうしたコンテンツサービスだとモノをつくる必要がなく、最初のハードルが低いためにスタートしやすい利点があります。

実際、私がそのビジネスを始めるにあたって用意したのは、ノートパソコン1台と、月に約1万円のレンタルオフィスだけでした。

そうやってハードルの低いコンテンツ系サブスクから始めて、評判が良ければ第2弾、第3弾とリリースして、軌道に乗せていけばモノづくりによるサブスクをあらためて始めてもいいでしょう。

あなたにもできる！　コンテンツ系サブスク

コンテンツ系サブスクは、自分の専門知識やスキルを商品として購入してもらうサブスクの形です。私の場合はそれが中国語だったのですが、こうした情報や経験は、専門的なスキルを有していれば広く売ることができます。

これは、商品を新たにつくるといった製作を必要としないので、ビジネスとしてのリスクやハードルはおのずと低くなります。「初期投資としては300万～400万円が必要」と聞いて、ちょっと腰が引けるという方は、この**コンテンツ系サブスク**から始めてみるのも1つの方法というわけです。

そう考えたとき、あなたが用意できるコンテンツ商材は何か？

まずは、**アイデアを書き出してみる**といいでしょう。これまで経験したことや解決したこと、達成してきたこと。アイデアをビジネスにするには、それを見た人が**「お金を出しても欲しいと思うかどうか？」**です。

たとえば、あなたがこれまでに解決してきた問題には、こうしたものがありませんか？

◎減量に成功した
◎病気のサポートを経験した
◎就職や転職に成功した
◎貧乏から裕福へと成り上がった
◎離婚のあと再婚して幸せになった　……などなど。

ネガティブなところからプラスになった経験は、誰にとっても興味があります。そのプロセスの中に、他者に提供すると喜ばれるようなノウハウが隠れていたりするものです。

または、経済的なプラス面や、日々の生活が豊かになる方法を知っているというコンテンツでもいいでしょう。

たとえばこんなものです。

◎不動産の賢い買い方
◎住宅ローンの賢い組み方
◎貯金の仕方
◎投資の方法
◎人生や暮らしを楽しくする趣味や特技

ノウハウを教えることで誰かの役に立てたり、その分野に情熱があれば利益があとからついてくるという知識やスキルがあれば、ビジネスになる可能性があります。

また、趣味で仲間を集めるところからスタートしたい人は、こんなことも調べてみるといいでしょう。

◎それをテーマにした定期出版の雑誌があるか？
◎あれば、どのくらいの発行部数があるのか？
◎どれくらいの歴史があるか？

たとえば、ゴルフや山登り、BMX、マリンスポーツといった趣味の分野には複数の定期雑誌があり、購読者数も安定しています。お金を出してそのような雑誌を買う固定層が存在する。ということは、世の中に確かなニーズがあると言えます。

当たり前ですが、商品やサービスは、購入してくれる人がいるからこそビジネスとして成立します。あなたが得意とする専門分野や趣味や特技にどのくらいの市場性があるか。そして、何かの問題解決や幸福感を提供でき、どのような**「新規性＝差別化要素」**を持たせられるかが大事です。

つまり、ここでも、先に紹介した商品設計の3原則が生きてきます。

①「不」の感情が強くある人をターゲットにする
②納得感
③商品の新規性（目新しさ）

整理すると、コンテンツ系サブスクとして、そのアイデアが売れるかどうかのチェックポイントには、次のようなものがあると私は考えます。

◎稼げるノウハウ
◎節約アイデア
◎楽しみが増える生活の提案や人生が豊かになる提案
◎健康や長寿につながる情報
◎ダイエットやアンチエイジングなど見た目が良くなる情報
◎知識欲が満たされる内容
◎評判や地位の向上ができる情報
◎何かしらの問題を解決できる情報　……などなど。

こうしたテーマ性を持つ、興味の度合いの高いコンテンツを制作して会員に提供する。私が提供した中国語学習のコンテンツも、中国に関するユニークな話やトリビアを盛り込みながら、楽しく学べるという新規性で人気を博しました。

コストをほとんどかけることなくスタートしたこのサブスクは、順調に会員数が伸びて３０００人にもなり、年間で５０００万円もの利益が上がるコンテンツになりました。それが、後の単品リピート通販ビジネス成功の土台になったことは言うまでもありません。

コスト回収の期間はどれくらい？

企業が倒産する形にはさまざまなものがありますが、現在の国内の倒産件数のうち、「黒字倒産」が約50％を占めていると言われます。

黒字倒産とは、決算書上では利益が出ているものの、銀行への返済の負荷が大きく、キャッシュが不足し、仕入れ先への買掛金や社員の給料が払えなくなって倒産してしまうというケースです。

【サブスク×D2C×単品リピート通販】ビジネスでも、財務戦略をしっかり立て、この「黒字倒産」に注意する必要があります。

そのためにも大事なのが、ビジネスモデルとしての中身をしっかりと理解することです。

このビジネスの集客方法は、これまで紹介してきたように、アフィリエイトを中心とした広告がメインです。

アフィリエイトは成果報酬型広告ですから、商品購入や申し込みがあった場合のみ広告費が発生します。よって、リスティング広告などのように、クリックされただけで費用が発生することはありません。一定の費用対効果を保ちながら運用できるというメリットがあります。

つまり、商品が売れた分に対して広告費が生じるだけなのですが、ここで注意すべきなのは、多くの場合で初月の売上以上に広告費の支払いが多くなるため、コストの回収までに時間がかかる点です。

目安としては、**成果報酬型の広告費は6カ月目で回収する形**となります。

広告費はあくまでも売れた分に対する成果報酬なのですが、**売れれば売れるだけ、用意しなければならない広告費がかさんでいく**のが実際のところです。

そこで直面するのが、広告費の支払いが、売上代金の回収よりも先に来てしまうというキャッシュフローの問題です。

化粧品や健康商品を毎月単品リピート販売する場合、先行して投入する**広告費**および、**原価**や**配送費**などのコスト分を回収するのに、6カ月ほどの回収期間を要すると認識しておくことが必要です。

ちなみに、携帯電話やウォーターサーバーで、「2年縛り」のような最低利用期間が設けられていることがよくありますが、これはメーカー側が初期費用を回収するためです。

もう少し詳しく説明しましょう。

ＡＳＰによる仕掛けが好調で、高いコンバージョン率で売れるようになれば、当然利益は上がります。初動で成功すると、あっという間に1億円以上の売上が上がることもありますが、その分広告費が必要で、来月はそれ以上を売り上げるための広告費が必要になるのです。「売れる商品」と認識してくれて、取り扱う広告代理店も増えていきますから、必然的に広告費が必要になってくるわけです。

当面の資金がないからと断ると、基本的には次月からは扱ってくれなくなりますから、こちらとしてはとにかく走らなければいけません。

もちろんアフィリエイトは成果報酬ですから、広告費が発生するということは、商品はそれだけ売れているわけで、黒字であるのは確かです。

しかし問題は、**「売上代金が入ってくるのがコスト発生のあとである」**点です。そのため、商品が売れれば売れるほど、代金回収までにキャッシュフローで沈むことになります。

「在庫切れ」は、負のスパイラルの入口

「在庫切れ」にも注意が必要です。もしも在庫がなくなってしまうと、当然ながら商品を送ることができません。つまり在庫を切らすことは、キャッシュフローが途切れることと同じなのです。

たとえば、1カ月間の顧客獲得数を1000件として継続率を80％とすると、初月に1000商品、2カ月目は1800商品、3カ月目は3240商品と、**毎月雪だるま式**に増えていきます。これ自体はとても喜ばしいことでしょう。

けれども、こうして倍々に増えていくことを想定せずに在庫ショートを起こすと、すぐに商品が欲しいお客様は一瞬にして離れてしまうので、**せっかくのユーザー数が一気に減ってしまいます。**

そうなると、商品が送れずキャッシュフローが止まる上に、受注はあるわけですから広告費の支払いだけが増えてしまいます。こうした負のスパイラルに陥るリスクがあるのです。

「資金ショート」「在庫切れ」を回避するために

あなたが販売する商品によって、広告出稿から受注、納品、代金回収までのリードタイムはおのずと違います。

ビジネスのスタート後に**「リードタイムを正確に把握すること」**と**「よりたくさんのお金を残すこと」**が大切で、初動時に資金ショートを起こしてしまうと、せっかく好調な受注があるのに、在庫がなくなり、投入できる広告費も枯渇して事業が止まるということになりかねません。

これが、ネット通販ビジネスにおける「黒字倒産」です。

しかしながら、当社がサポートする「単品リピート通販」では、収支が赤字→黒字になるまでのリードタイムが、一般の通販会社が2～3年はかかるのに比べて、半年

〜1年と非常に短いのが特徴です。

これは、ビジネスを始める上での大きなアドバンテージになり得るものです。

ちなみにこのビジネスは、**広告費を回収した上で利益を上げ、次月でさらに広告費を投入していく**、短期のサイクルによって収益を上げていくモデルであることがおわかりいただけるでしょう。

そのため、**1回の販売で半年や1年の長期にわたって使っていける商品は、そもそもビジネスにならない**ことを知っておくべきでしょう。

たとえば、口紅や眉毛カーラーなどは1カ月ではなく、数カ月も長持ちします。しかも、商品単価がそれほど大きくないため、単品リピート通販には不向きな商材です。こうした点も考慮しながらビジネスを考えていく必要があることも付け加えておきます。

黒字倒産を回避する「財務戦略」とは?

単品リピート通販は、必ずと言っていいほど売れるビジネスです。けれども、売れ

売上推移と累計収支の推移のイメージ図

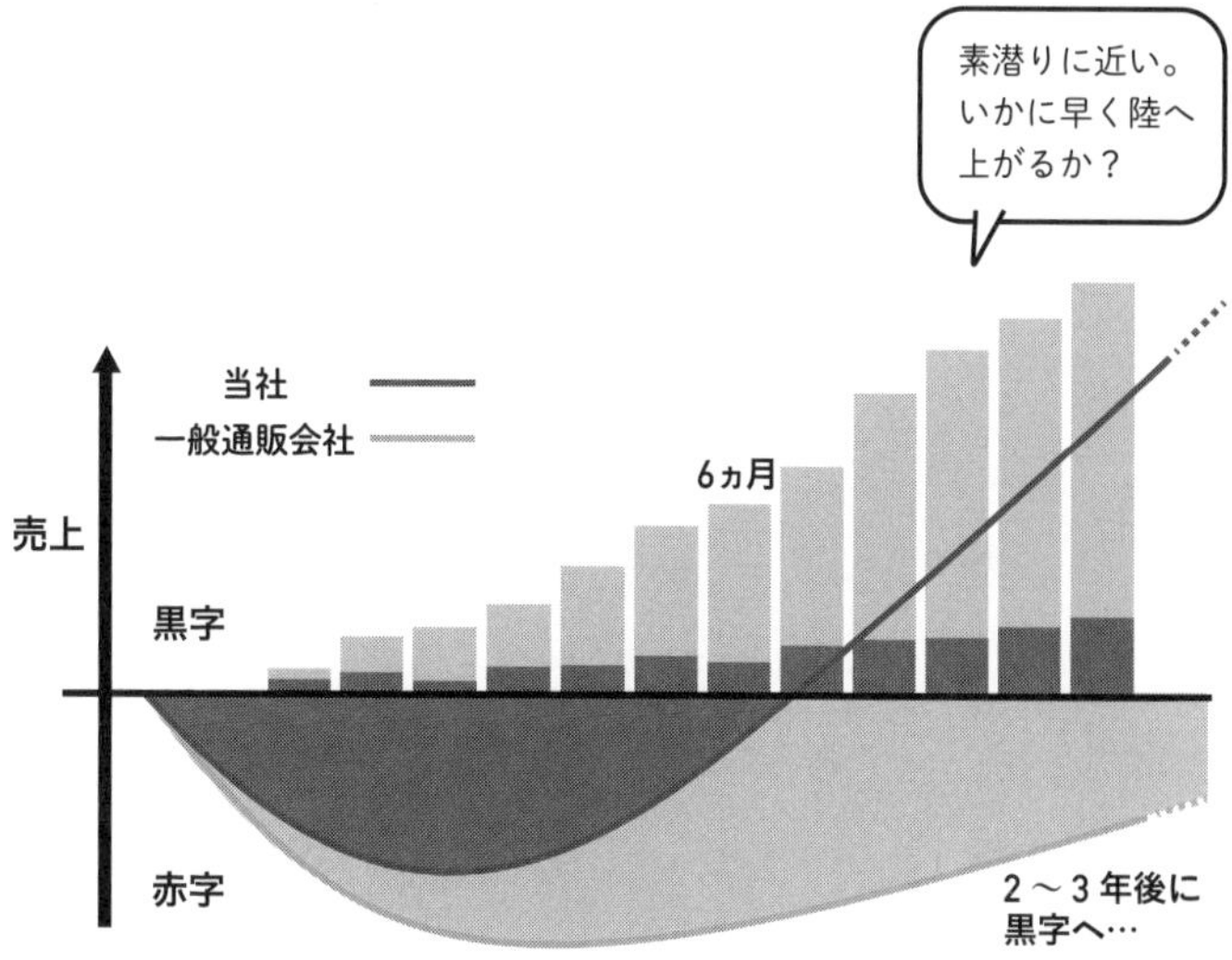

キャッシュがマイナスだと不安。
1日でも早くプラスの世界へ行きたい。

れば売れるだけ広告費のかかるビジネスであることも認識しておく必要があることはお伝えしたとおりです。

そして、収益化できるまでのリードタイムをどう乗り越えて、黒字倒産を回避するか。財務的にどう軌道に乗せていくかという在庫管理と資金管理を、事前に明確に描いておくことが重要であると言えます。

収益が黒字化できる、約6カ月のリードタイムをどう乗り切るか。そのために必要な資金はどの程度なのかを知っておくのは大切です。

つまり、一定の目安を得るために、**1個の商品を売るごとに、いくらの利益が見込めるのかをあらかじめ把握しておく**ことも重要なのです。

それは、LTV（顧客生涯価値）－CPO（1件の注文を獲得するためにかかった販売促進費用）によって1個分の利益を算出し、月間で売れていく個数をかけていけば明確になります。

さらに、このビジネスの利益には公式があり、先述したように、

利益＝〈（LTV×0・7）－広告費〉×獲得件数

によって利益計算ができます。

これに当てはめれば、見込み利益が明確にわかります。

こうした算出による利益見込みを明らかにして把握することで、「先の読めるビジネス」として資金調達もしやすいのが、「D2C×サブスク」ビジネスです。だからこそ、資金ショートを回避するための財務戦略も可能になるわけです。

スタート当初に収支が沈む分を見据えて資金を確保する方法

資金ショートによる黒字倒産を回避するには、スタート当初に収支が沈む分を賄えるだけの資金を確保しておくことが必要です。

アフィリエイト広告の資金が足りなくなるのは、それだけ売れているという証拠ですから、資金ショートの理由は手元資金がないだけ。ですから悲観的になる必要はなく、たとえば**必要な資金を金融会社に融資してもらう**ことは有効な一手でしょう。

今後の販売見込みや購入継続率を明確に算出し、客観データとして示すことで、無担保で一時的な資金を貸してくれる金融機関もあります。

「来月もきっと売れますから」という経営者の言葉だけでは金融機関も動きませんが、今月の売上データから次月の見込みが見通せるという「先読み」のエビデンスが根拠にありますから、金融機関も融資を行ないやすくなります。これもD2Cビジネスのメリットの1つと言えるものです。


その際に融資を持ち掛ける金融機関は、このビジネスモデルをよく理解しているところのほうが話も早いでしょう。いわゆる銀行などではなく、**ファクタリングの活用**や**売掛金保証サービス**といった資金調達の方法のほうが、即応性が高いと言えます。

もちろん、銀行の中にも【D2C×サブスク通販】のビジネスモデルを理解していて、融資に柔軟なところもあります。ASP会社と連携しながら、次月以降の売上見込みを数字で示し、先読みのデータを用意して金融機関に交渉していきましょう。

データに基づいた資料とともに、「D2C×サブスク通販」ビジネスの強みをアピール

株式投資の先読みでは銀行はお金を貸しませんが、このビジネスであれば、顧客データに紐づく売上予測の数値が明確ですから、金融機関の融資のハードルもそれほど高くありません。それも「D2C×サブスク通販」ビジネスの大きな強みの1つなのです。

今はサブスクというビジネスモデルも浸透してきて、「リスクの低い安定的成長が見込める業態」という認識を金融機関のほうでも持っています。

そのため、当初のリードタイムが赤字の状態であっても、今後の売上の伸びを示すことで融資が受けられる可能性があります。

また、サブスクモデルであれば赤字上場も実現できているように、スタート時の資金繰りが苦しくとも、顧客の継続率が高いものであれば成長性と持続性は大いに見込めます。

資金調達や上場へのハードルも、他のビジネスに比べて優位性が高いことをぜひ知っておいてください。

成功のカギは、「自社のスタイルを明確にする」

これまで【サブスク×D2C×単品リピート通販】のメリットや成功法則について解説してきましたが、いわゆる総合通販との違いをおわかりいただけたでしょうか？

通常のフロー型の総合通販の場合、翌月の売上は基本的にはゼロからのリスタートです。スタッフを雇用して総合通販ビジネスをやろうとした場合、翌月や半年後、さらには1年先の売上予測ができないのは大きなリスクと言えます。

その点、**ストック型のサブスクの場合、売上が次の期にゼロになることがない**のが強みです。ベースを築いた上に、どんどん売上と利益は増えていく。先の読める中で収益を上げていくために、「サブスク×単品リピート通販」のビジネスモデルはきわめて優れていると言えるわけです。

しかも販促や管理に必要な工数を考えると、総合通販で年商10億円を超えるような企業が、「社員が数名しかいない」なんてことは、まずあり得ません。それが単品リピート通販の場合は、少人数で運営でき、固定費が圧倒的に低いという点でも非常に優れているビジネスモデルなのです。

こうしたメリットの多い「単品リピート通販」を行なう際に、留意しておくべき点をもう1つお伝えしておきます。

それは、

「このビジネスを自社ですべてやりたいのか」
「それとも外部にお願いするのか」
「売上の規模を最終的にどこまで持っていくのか」

こうした点について、想定を明確にしておくことです。それによって、準備すべき資金や仕組みなど、取るべき戦略がまったく異なるからです。

私はこれまで書いてきたように、ビジネスのほとんどをアウトソーシングによってスタートすることをすすめています。自社でスタッフを抱えて始めなくても、年間10

億円ほどの売上は実際につくれてしまうからです。

商品設計から販売戦略、顧客データの蓄積と顧客のファン化――。それぞれの分野の専門知識が必要になり、それを自社ですべてを完結させようとすると時間もかかります。世の中の移り変わりが激しい現代では、**外部の力を有効に活用するスピード経営を押し出す**ことが、中小企業が生き残るための術であると私は考えています。

資本力でも人材面でも、大手企業のほうが圧倒的に恵まれているのは仕方のないことです。

反面、中小企業が生き残るにはなんといってもスピード、意思決定の早さが重要なのは言うまでもありません。実際に伸びている通販会社もまさに同様です。単品リピート通販は、その利点が十分に活かされるビジネスモデルであることを、強くお伝えしたいと思います。

最後までLTVの最大化にこだわり続けよう

たとえば、ウブロやロレックスのような1000万円を超えるような高級時計は、コレクションをするマニアでもなければ、欲しいという感情は生まれないと思いがちでしょう。

時間を知ることが時計の本来の目的のはずですし、今や多くの人は身近なスマホで時間を確認している時代だと言われています。

そんな時代に高級時計は売れないのでしょうか？

いいえ、そんなことはありません。

「自分へのご褒美として身につけたい」「まわりからの羨望《せんぼう》の目が欲しい」「自分に自信をつけたい」といった理由で買いたいと考える人は少なくありません。

つまり、購買意欲の本質を理解すれば、商品は売れるのです。

消費者が商品を買う際の理由やモチベーションはそれぞれで、どこに価値を見いだすかは、人によって異なります。

つまり、「商品を売りたい」と考えるときには、「消費者が欲しいと考えるものをつくる、用意する」ことが大切です。

一見当たり前のように思えることですが、実はそれが十分にできていないメーカーやバイヤーが意外なほど多いのです。

私たちが追求すべきなのは、独りよがりの自己満足な商品を市場に提供することではありません。あくまでも**目指すのは、LTVを上げること、そして、CRMの強化**です。

CRMは顧客との関係性やコミュニケーションを管理して一元的に把握できるようにすること。顧客情報や購入履歴のデータを集積し、顧客をより深く理解してマーケティングに活かしていきます。

D2CのビジネスモデルによってCRMは深まり、LTVを上げていくことにつながります。

そして、先述した利益の公式

利益＝〈(LTV×0・7)－広告費〉×獲得件数

に当てはめていき、利益の最大化に注力していくことです。

つまり、ＣＲＭの強化によってＬＴＶを向上させれば、あなたの企業をどんどん次のフェーズへと押し上げていくことができるわけです。

通販ビジネスの商品は、「つくって終わり」「市場に送り出して終わり」ではありません。お客様の声を集め、解約があれば止める理由を突き詰めていき、検証と改善を繰り返しながら求められる姿に近づけていくことが大事です。

その結果、**解約率が下がっていけば自動的にＬＴＶは上がっていきます**。商品の評判が上がれば新規の購入客も増えていき、好循環が生まれて利益は増大します。

また、そうやって認知が上がっていけば、次第にオフィシャルサイトなどから購入してくれる人が増え、売上に対する広告費の割合も薄まっていきます。そうすると、さらにＬＴＶは向上していくのです。

つまり、単に売上を上げていくのではなく、**顧客との関係性を深めることに注力しながら、ＬＴＶを永続的に上げていく**ことを目標にしてほしいのです。

あなたもきっと、このビジネスで「億」を超える売上をつくることができる日が来るでしょう。

でも、そうなったときにも、決して初心を忘れないでください。

顧客との関係性を丁寧に構築し、ＬＴＶの最大化を目指すための努力を怠らないでください。そうすれば、あなたのビジネスはいっそう盤石なものとなっていくに違いありません。

終章

自社ブランドで豊かになる人を増やしたい

不況に負けないビジネスモデルを届けたい

コロナ禍によって、日本ならびに世界の経済は大変な苦境に直面することになりました。ただ、その中でも明暗の分かれた業態やビジネスモデルがあります。外食産業やレジャー関連は大きく業績が落ち込んだ一方で、いわゆる「巣ごもり需要」の恩恵を受けた業態や企業も数多くあったのです。

ビジネスモデルの面から言うと、売り切り型のフロービジネスは、経済が停滞すると新規顧客の獲得ができなくなることから大きな打撃を受けることになりました。その反面、ストックビジネスであるサブスクは、急激な売上の落ち込みは回避できただけでなく、売上をさらに伸ばすことができました。コロナ禍のように社会情勢が急激に変わるような状況、つまりは不況期にあっても、サブスクビジネスは安定的な売上と利益を確保できる業態であることを証明する結果になりました。

私が本書で【サブスク×D2C×単品リピート通販】を紹介してきたのは、こうした不況に強い、しかも誰でもトライできるハードルの低いビジネスモデルであり、これを広く届けたいと思ったからです。

学生時に起業した仲間は何人もいましたが、私が中国でビジネスを行なったあとに帰国したとき、何名かの人はそのあと事業がうまくいかなくなっていました。もちろん、成功している人もいましたが、その違いを見て私は納得したものです。

ビジネスを軌道に乗せているのは、今回のテーマでもあるストックビジネスを展開していた人であり、苦境に陥っていたのはフロー型のビジネスを進めていた人だったのです。

その事実を目の当たりにして、同じビジネスでもここまで違うのか……と実感した私は、「これからはストック型のビジネスしかしない」と心に決めました。

以来、通販事業以外にも、カフェの経営や不動産業、貿易事業、カスタマーサポート事業、アプリ開発事業、美容室事業など、あらゆるビジネスにストック型の収益モデルを組み入れて成功しています。

そのようにストックビジネスは、うまくやれば時間の経過とともに事業が軌道に乗り、収入も安定します。一方、フロー型だとどうしても先行きが不透明です。

私の友人に年商100億円を超える企業の経営者がいますが、そこまで到達しても、「来月の売上や来年の売上はどうなるか?」をいつも心配しています。それはフロー型ビジネスだからです。いかに年商を大きくしても、不確実な未来は心配の種になるものです。

一方、精神的な安定と自由な時間を与えてくれるのが、先の読めるストックビジネスです。

そうしたメリットにあふれるサブスクビジネスのサポートをいっそう積極的にやっていきたいと考え、その一環として本書を記しました。

ちなみに私の会社では、「D2C×サブスクビジネス」の初心者の人のために、初級編からの講座を提供しています。オンラインによるセミナーで、成功に向かうためのノウハウを余すところなく、かつわかりやすくレクチャーするものです。すでにサブスクD2C型通販ビジネスをしている企業の社員教育や新人教育などにも広く使われています。

これから、ビジネスにかかわる人たちの集まりを強化していき、業界の人たちとの横のつながりを生み出し、さまざまな連携を可能にしていく構想もあります。そうやって業界全体を盛り上げながら、不況に強い究極のビジネスモデルとして、いっそう成熟させていきたいと考えています。

老後資金問題や不況自殺をこの世からなくしたい

「少子高齢化」や「消滅可能性都市」「老後2000万円の資金問題」など、ネガティブなワードや要素があふれて不安だらけの今の日本……。私はビジネスを通じて、そうした今の社会を明るく変えていきたいと思っています。

今はネット環境さえあれば、誰とも画面を通じてコミュニケーションが取れる時代になりました。また、どこからでもネットを通じて世界中とつながることができ、コネや人脈がなくても成功できる時代で、誰にでもビジネスチャンスがあります。

ネットを活用した顧客管理の仕組みの中で、D2Cと言われるビジネスが当たり前になり、先の売上を見通していくことが可能になりました。

こうした「先の読めるビジネス」で安定した収入を上げて、生活の基盤を確かなものにする。おのずと先の人生は明るいものとなり、老後の問題だけでなく、うつ病の減少などにも寄与できると考えています。

ＡＩ時代に突入し、デジタル化が加速化して効率化の向上が叫ばれていますが、私は最終的に重要になってくるのは、やはり人間同士のつながりの部分だと考えています。

日本ではデジタル化が進むことで、人とのコミュニケーションはスマホやメールが中心になるなど、人と人との関係性が希薄になっています。

大切なのは、デジタルを活用した利便性と、人と人とのアナログな関係性を、ほど良い距離感の中で構築していくことです。

本書で説明してきたように、Ｄ２Ｃのビジネスはデジタルとアナログの両面が適度にリンクしていくことで、安定的に長く続くビジネスとして定着していきます。

「老後２０００万円問題」をものともしない、豊かな生活を送るためにも、今のうちからこのビジネスを始めておくことを私はおすすめします。

「成功するビジネス」をどのように学んだのか？

私が中国への留学を決意したのが２００１年、今から20年以上前のことです。当時周囲の人たちから、「なぜ中国に留学なんてするの？」と言われたことを今でも覚えています。

これからはアジアの時代であり、中国に留学したことは間違いではなかったと、さらに確信の度合いを深めています。今や中国はアメリカと並ぶＩＴ先進国であり、スマホ決済やＩＴ化などは日本よりもはるかに進んでいる部分もあるほどです。

おかげで今の私は、中国語が話せることによって、最新のマーケティングスキルやノウハウ、ＤＸに関する知識や情報を手に入れることができます。これはさまざまなビジネスを進めていく上での大きなアドバンテージになっています。

ただ私はもともと、勉強ができる学生ではありませんでした。家も経済的にあまり裕福ではなかったため、新聞奨学生として大学に通いました。そのとき、同じように新聞奨学生で大学に通う中国人の学生が多くいたことが、1つのきっかけになったのです。

彼らの話を聞くうちに、中国という国に興味を持つようになり、ちょうど北京オリンピックが決まって渡航費用が安価だったタイミングもあり、留学することを決めました。

現地では、中国人の「人の好さ」を知ることになりました。日本から来たまったく見ず知らずの私のことをオープンに受け入れてくれ、何かあれば親身に心配してくれる人たちに恵まれて、いつの間にか「この中国で仕事をしよう」と思うようになったのです。

そこで、日本のブランド力と技術力を活かして、現地で美容室を運営することにしました。日本から美容師を連れていき、高価格で富裕層向けのサービスとして提供。思惑が当たって、美容室のビジネスが成功したのです。

帰国後、美容室を日本でも展開していったわけですが、その過程で修得した美容に関する知識や経験が、化粧品・美容液などの単品リピート通販の土台になった部分はあるかもしれません。

その後、ビジネスに関する知見を深めたいと考え、より専門的な経営学を学ぶためにMBAを取得。本格的に経営学を学んだことで、経営資源や経営全体を広い視野で把握し、それぞれの経営資源（ヒト・モノ・カネ・情報）を効率的に活かす思考力や判断力を習得することができました。

私がこれまでのビジネスで成功することができたのも、こうしたプロセスの中で得られた学びによるところが大きいと感じています。

海外で感じる日本ブランドの可能性

私がこれまでに出向いた海外の約60カ国の滞在時に感じたのが、日本製品の信頼度の高さです。

日本製品は、クオリティの高さ、安全性の面で海外では特別な存在です。そのブランド力から、高い価格で商売ができるという認識を広く持たれています。こうした、日本の製品のクオリティやブランドは先輩方が築いてくれたものであり、後の世代に引き継いでいかなければならないものであるのは確かでしょう。

私自身、20代からビジネスを行なってきて、こうした日本のブランド力に助けられてきました。

最初に中国に渡って美容室を運営したとき、あえて高額な料金設定にしましたが、富裕層を中心に多くのお客様でにぎわってくれました。開店当初は私の美容院の価値というよりも、明らかに日本ブランドの価値を評価して、多くの人が来店してきてくれたわけです。

このとき、日本の製品や技術に対する評価はやはり特別なものがあると痛感したものです。

そうしたことを考えても、これから新しいビジネスを始めようという人は、日本人であることに誇りを持ってほしいと私は思います。

日本は生活レベルが高く、世界的にも民度の高い国民性だと思います。ビジネスにおいても誰もが自由に起業することができ、経済的な自由が保障され、反社会的な行為を除けば、事業を行なうことに何の制限を受けることもありません。情報の自由も保障されています。

たとえば中国では、Facebook も Twitter も Google も原則として自由に表示がされず、制限がかけられています。日本では政府や首相を批判しても、処罰されることはありませんが、同じことを某国で行なえば大変なことになってしまいます。

こうした当たり前のことでも、いかに日本が恵まれているのかが世界に出ればわかります。私は早い段階で世界へ飛び出して現地を経験したことから、日本という国がいかに優れているかを実感しましたし、何と言っても日本が好きです。私は海外に複数の不動産を所有していますが、生活するなら日本が圧倒的に一番です。

日本で育まれた、世界的にも優れた価値をビジネスに転化することで、成功を手にできる人を1人でも多く生み出したい。その足掛かりになるものとして私が手がけているのが、本書で紹介している【サブスク×D2C×単品リピート通販】でもあります。

ビジネスの力で、自身の未来を明るいものに

これまで紹介したように、私は若いときに海外留学をしたことで、日本がきわめて恵まれた国であることを認識してきました。

これは、日本を飛び出さなければ気がつかなかった価値観で、日本に生まれたことがすでに幸せであり、私が首尾一貫して感じてきた正直な感想です。

にもかかわらず、国連が2021年に発表した「世界幸福度ランキング」で、日本は56位と先進国の中でかなり低い水準へと順位が低下してしまいました。

今や日本は自殺者の非常に多い国であり、事故死よりも自殺のほうが多い国というのは先進国でもわが国だけという悲惨な状況になっています。

経済的に豊かであり、国の仕組みや制度としても不自由のない生活を送れているにもかかわらず、国民の幸福度が低いという事実は寂しいものです。戦後大きな経済成長を遂げ、2018年には世界第2位（現在は3位）の経済大国になり、経済的な豊かさを手にしたはずなのに、心の豊かさは年々下がっているのです。

いったいなぜでしょうか？

人口減少でＧＤＰが下がり、国の借金ばかりがかさんで未来に明るい展望が開けず、社会に閉塞感ばかりが増すことが原因でしょうか？

そうした現状に、若者たちの未来に向かう意欲がそがれているとしたら、それはとても悲しいことです。

若い皆さんには、決して下を向いてほしくない。私自身がそうであったように、たとえマイナスの境遇が自身を包んでいたとしても、あきらめることなく、アグレッシブな気概をもって、自分の力ではい上がってほしいのです。

そのエネルギーの源になっていくのが、ビジネスの力です。

10年後、20年後を見据えてビジネス展開をする視野があるかどうか、これが重要です。

起業して10年後の会社の生存率が5％未満と言われている中、学生で起業した私が、20年連続で黒字経営を続けることができたのは、未来を見据えてストックビジネスに徹してきたからだと自負しています。

20年間で数々のビジネスを手がけ、今ではグループで年間数十億円を売り上げる会社の経営者として、多くの従業員を雇用してビジネスを展開することができています。

こんな私にもできたのですから、きっと、いや絶対に、あなたにもできるはずなのです。

世界で勝負できる若い起業家を育てたい

20年前に中国に渡って新しい世界を知り、私は未来が開けていきました。

若いときには、いろんなチャレンジができます。だから、どんどん新しい世界を見るために、外に出ていっていいのではないかと私は思います。

何も、絶対に海外に行くべき、と言っているのではありません。私の海外の友人の言葉を借りれば、「日本ほどお金持ちになれる可能性が高い国はない」ということです。ビジネスで成功して、「時間とお金の奴隷」から脱却してほしい。そのためにも、これまでのあなた自身の常識の世界から、まずは一歩「外」に踏み出してみては？

という提案です。

学歴や学力などなくても、まったく関係ありません。人生は1回限り、だから思い立ったらやってみること。自分の考えるようにビジネスにチャレンジしていけばいいのです。

私自身はこれから、皆さんが【サブスク×D2C×単品リピート通販】のビジネスで成功するためのセミナーを、積極的に展開していきます。

そして、世界で通用するビジネスの力を身につけ、やがては世界に通用する若い起業家を育てていきたいと考えています。

このビジネスは、海外をターゲットにしながら展開していくことも今後可能です。まだアジアではD2Cのインフラが整っていないものの、それが整備されてくれば、世界に通用する日本ブランドを持って、アジアの市場に展開していくことは十分に可能なのです。

あなたが生み出す商品やサービスが、あなた自身の未来を創ります。そして日本のみならず、世界のマーケットへと打って出る果敢な起業家になってほしい。

「先の読める、失敗しないビジネス」を創る意欲が、これからの日本を元気にする力につながると、私は確信しています。

おわりに

本書の冒頭で、日本の商店街がほとんどなくなるかもしれないと述べました。実際に近年、全国に12000ある商店街の、実に7割以上が衰退しつつある状況になっているといわれています。アナログ時代からデジタル時代へのシフトによって、ビジネスモデルが180度ガラリと変わったためです。

かつて進化論を提唱したダーウィンも、「もっとも強い者が生き残るのではなく、もっとも変化できる者が生き残る」と言いました。

その変化の象徴である、インターネットによる流通革命。従来のリアル店舗から、ネット通販でどこでもものが買える今の流れは、これからますます加速します。5G、さらには6Gという形でいっそう通信環境が整い、リアル店舗から通販モデルへの転換は、もはや避けられないものになっていくでしょう。

そして令和に入り、今やデータであらゆることが分析できる時代です。その中で確立されてきたのが、本書で紹介してきた【サブスク×D2C】のビジネス。これこそ、今や右肩上がりで成長しているビジネスであり、誰にでもチャンスのあるものなのです。

そのモデルをベースに、私が始めたのが【単品リピート通販】だったわけです。

単品リピート通販はすばらしいビジネスで、今の時代に明確に求められているものですが、その中身はブラックボックスにしまわれている感が強く、細かいノウハウが世の中に出回っていませんでした。

この秀逸なビジネスを広く浸透させるべく、業界を変える必要があるという思いで、私は本書を書き上げました。

さらには、通販業界全体を盛り上げるために、リピート通販専門のコールセンターの会社を立ち上げ、今ではスタートアップの通販企業のサポートだけでなく、通販に関する社員教育コンテンツ提供事業や、年商100億円レベルのクライアントのビジネスサポートも行なっています。

そうやって、単品リピート通販のビジネスモデルと業界を、どんどんメジャーにしていきたい。そして、日本の流通業界にインパクトを与えて、経済をもう一度元気にしていきたいのです。


私の単品リピート通販の基本コンセプトであるストックビジネスのすばらしさは、「長く続けたい」という顧客満足度の高さをベースにしている点です。

続けて購入してもらえるということは、商品やサービスへの満足度が高いからであり、メリットを与え続けられている証拠です。

つまり、お客様に長く喜んでもらえるというＷＩＮ－ＷＩＮの関係性であるからこそ、ビジネスとして成長できるのです。

デジタルとアナログの融合で顧客満足を高め、長く幸福を提供していく――。

そうやって人に感謝されながら、利益を出すことで社会貢献ができ、さらに長い関係性の中で、お客様へのサービスや質を高めて喜ばれるというプラスのスパイラル。

こうした幸せが世の中にあふれてくればいいな、と思っています。

私は決して特別なビジネススキルを持っているわけではなく、業界に特化した難しい資格を有しているわけでもありません。単なるスポーツが大好きな、元気が取り柄の少年に過ぎませんでした。それが、今は充実したビジネスライフを過ごし、自分なりに満足できる人生を歩むことができています。

そのチャンスは、この本を読んでくださった皆さん全員にあります。

さあ、次はあなたの番です。

これからのビジネスの主流となるに違いない、【サブスク×D2C×単品リピート通販】で、ぜひあなた自身のサクセスストーリーを築いてください。

2021年10月

新井　亨

【著者プロフィール】
新井 亨（あらい・とおる）
サブスク D2C 総研株式会社代表取締役。
株式会社 Telemarketing One 代表取締役。
年商 50 億円以上の企業のサポートも行なうサブスク D2C 業界の第一人者。埼玉生まれ。Wales of University MBA 卒業。北京へ留学し在学中に貿易会社事業などで起業。その後、北京へ渡り、不動産、美容、貿易など複数ビジネスを成功させる。帰国後、上場企業などの相談役などを経てオリジナルブランドを立ち上げ販売開始から 8 カ月で月商 1 億円を突破。商品開発からクリエイティブの作成、CRM まですべて自社で行なうなど圧倒的な成果をおさめる。集客・運用・CRM について上場会社とのセミナーを全国で行なっている。企業に対してサブスクビジネスを教えるサブスク D2C オンラインアカデミーの塾長も務めている。コールセンターを使った LTV 引き上げを得意としており、成功者を多数輩出、サポートした企業の累計売上は 100 億円を超えている。

◆サブスク D2C 総研株式会社　https://subsc-d2c.com/
◆株式会社 Telemarketing One　https://telemarketing-one.com/

「サブスク D2C」のすごい売り方

2021 年 11 月 24 日　　初版発行
2022 年 8 月 14 日　　4 版発行

著　者　新井　亨
発行者　太田　宏
発行所　フォレスト出版株式会社
〒 162-0824 東京都新宿区揚場町 2-18　白宝ビル 7F
電話　03 - 5229 - 5750（営業）
03 - 5229 - 5757（編集）
URL　http://www.forestpub.co.jp

印刷・製本　日経印刷株式会社

ISBN978-4-86680-151-3　Printed in Japan

「サブスクD2C」の
すごい売り方

読者の方に無料
特別プレゼント

「単品リピート通販ビジネス」
売れる商品コンセプト事例集

（動画ファイル）

著者・新井 亨さんより

本書でお伝えした「サブスク ×D2C× 単品リピート通販」ビジネスでの重要エッセンスの１つ「売れる商品コンセプト」に関連して、成功事例を解説した動画を無料プレゼントとしてご用意しました。ぜひダウンロードして本書と併せてご活用ください。

特別プレゼントはこちらから無料ダウンロードできます↓

http://frstp.jp/araitoru

※特別プレゼントはWeb上で公開するものであり、小冊子・DVDなどをお送りするものではありません。

※上記無料プレゼントのご提供は予告なく終了となる場合がございます。あらかじめご了承ください。